Robert Alexy

Begriff und Geltung des Rechts

VERLAG KARL ALBER A—

Im Zentrum dieses Buches steht das Verhältnis von Recht und Moral. Der Rechtspositivismus behauptet, dass beides zu trennen sei. Sowohl der Begriff des Rechts als auch der Begriff der Rechtsgeltung seien moralfrei zu definieren. Robert Alexy versucht zu zeigen, dass diese These falsch ist. Es gibt erstens begrifflich notwendige Zusammenhänge zwischen Recht und Moral, und zweitens sprechen normative Gründe dafür, die Begriffe des Rechts und der Rechtsgeltung so zu definieren, dass sie moralische Elemente einschließen. Deshalb muss der Rechtspositivismus als umfassende Theorie des Rechts scheitern.

Diese Thesen werden in dem angefügten Artikel »Die Doppelnatur des Rechts« zu einem System der Institutionalisierung der praktischen Vernunft weiterentwickelt, das die Kernelemente des demokratischen Verfassungsstaates erfasst.

Robert Alexy, geb. 1945, ist Seniorprofessor für Öffentliches Recht und Rechtsphilosophie an der Christian-Albrechts-Universität zu Kiel. Weitere Buchveröffentlichungen: Theorie der juristischen Argumentation (1978, 8. Aufl. 2015) und Theorie der Grundrechte (1985, 8. Aufl. 2018).

Robert Alexy

Begriff und Geltung des Rechts

Erweiterte Neuausgabe

Verlag Karl Alber Freiburg / München

MIX
Papier aus verantwor-
tungsvollen Quellen
FSC® C014496

Erweiterte Neuausgabe 2020

© VERLAG KARL ALBER
in der Verlag Herder GmbH, Freiburg / München 1992–2020
Alle Rechte vorbehalten
www.verlag-alber.de
Satz: Autor

Herstellung: GGP Media GmbH, Pößneck

Printed in Germany

ISBN 978-3-495-49075-4

Vorwort

Dieses Buch ist im Rahmen eines zusammen mit Ralf Dreier betriebenen Unternehmens, das auf eine knappe Gesamtdarstellung der Rechtstheorie zielt, während eines Forschungssemesters entstanden. Da es vom Umfang her weit über den eines Kapitels des geplanten Gemeinschaftswerkes hinausgewachsen ist, entschied ich mich für eine separate Publikation. Für die Anregung hierzu danke ich Ernesto Garzón-Valdés und Meinolf Wewel. Mein besonderer Dank gilt Ralf Dreier. Sein über viele Jahre wirkender Einfluß ist überall erkennbar. Die Verantwortung für Irrtümer trage ich allerdings allein. Zu danken habe ich ferner Frau Heinke Dietmair für ihre unermüdliche Geduld und Sorgfalt bei der Erstellung der Druckvorlage sowie den Herren Martin Borowski, Carsten Heidemann und Marius Raabe für die Mithilfe beim Lesen der Korrekturen.

Kiel, im Januar 1992　　　　　　　　　　Robert Alexy

Vorwort zur erweiterten Neuausgabe

Dieser Neuausgabe ist der 2011 erstmals auf Deutsch erschienene Aufsatz »Die Doppelnatur des Rechts« angefügt. In diesem Artikel geht es erstens um die Vertiefung und zweitens um die Erweiterung der Thesen dieses Buchs. Die Vertiefung betrifft vor allem den Anspruch auf Richtigkeit, den archimedischen Punkt meiner Theorie des Rechts. Hinzu treten begriffliche Präzisierungen, wie etwa die Unterscheidungen zwischen Richtigkeit erster und zweiter Ordnung und zwischen drei Arten des Nichtpositivismus, dem exklusiven, dem superinklusiven und dem inklusiven Nichtpositivismus. Der Anspruch auf Richtigkeit bildet zusammen mit diesen begrifflichen Präzisierungen die Basis der Doppelnaturthese, welche sagt, dass das Recht notwendig sowohl eine reale als auch eine ideale Dimension aufweist. Bei der Erweiterung geht es um den Schritt von einer Theorie des Rechtsbegriffs und der Rechtsgeltung zu einer Theorie des demokratischen Konstitutionalismus. In dieser Theorie vereinigen sich fünf Elemente, die mein Werk im Ganzen bestimmen: die Radbruchsche Formel, die deliberative Demokratie, die Grundrechte als positivierte Menschenrechte, die juristische Argumentation als Sonderfall des allgemeinen praktischen Diskurses und die Prinzipientheorie. Die Verknüpfung dieser Elemente auf der

Basis des Anspruchs auf Richtigkeit bildet ein System, das als Institutionalisierung der Vernunft begriffen werden kann.

Kiel, im März 2020   Robert Alexy

Inhalt

BEGRIFF UND GELTUNG DES RECHTS

1. Kapitel
Das Problem des Rechtspositivismus 13

I. Die Grundpositionen 15
II. Die praktische Bedeutung des Streits um den Rechtspositivismus 18
   1. Gesetzliches Unrecht 18
   2. Rechtsfortbildung 22

2. Kapitel
Der Begriff des Rechts 27

I. Hauptelemente 29
II. Positivistische Rechtsbegriffe 31
   1. Primär wirksamkeitsorientierte Rechtsbegriffe 31
      1.1. Äußerer Aspekt 32
      1.2. Innerer Aspekt 33
   2. Primär setzungsorientierte Rechtsbegriffe 34

Inhalt

III. Kritik der positivistischen Rechtsbegriffe . 39
1. Trennungs- und Verbindungsthese . . . 39
2. Ein begrifflicher Rahmen 44
   2.1. Geltungsfreie und nicht geltungsfreie Rechtsbegriffe 44
   2.2. Rechtssysteme als Normensysteme und als Systeme von Prozeduren . 46
   2.3. Beobachter- und Teilnehmerperspektive 47
   2.4. Klassifizierende und qualifizierende Zusammenhänge 48
   2.5. Kombinationen 49
3. Die Beobachterperspektive 51
   3.1. Einzelne Normen 52
   3.2. Rechtssysteme 57
4. Die Teilnehmerperspektive 63
   4.1. Das Richtigkeitsargument 64
   4.2. Das Unrechtsargument 70
   4.2.1. Einzelne Normen 71
      4.2.1.1. Das Sprachargument 72
      4.2.1.2. Das Klarheitsargument . . . 75
      4.2.1.3. Das Effektivitätsargument . 80
      4.2.1.4. Das Rechtssicherheitsargument 90
      4.2.1.5. Das Relativismusargument . 92
      4.2.1.6. Das Demokratieargument . 97
      4.2.1.7. Das Unnötigkeitsargument . 98
      4.2.1.8. Das Redlichkeitsargument . 101
      4.2.1.9. Ergebnis 106

4.2.2. Rechtssysteme 108
    4.2.2.1. Die Ausstrahlungsthese . . 110
    4.2.2.2. Die Zusammenbruchsthese . 113
4.3. Das Prinzipienargument 117
4.3.1. Die Inkorporationsthese 121
4.3.2. Die Moralthese 126
4.3.3. Die Richtigkeitsthese 129

3. Kapitel
Die Geltung des Rechts 137

I. Geltungsbegriffe 139
  1. Der soziologische Geltungsbegriff . . . 139
  2. Der ethische Geltungsbegriff 141
  3. Der juristische Geltungsbegriff 142

II. Geltungskollisionen 144
  1. Rechtliche und soziale Geltung 144
    1.1. Normensysteme 144
    1.2. Einzelne Normen 147
  2. Rechtliche und moralische Geltung . . . 148
    2.1. Normensysteme 148
    2.2. Einzelne Normen 151

III. Grundnorm 154
  1. Die analytische Grundnorm (Kelsen) . . 155
    1.1. Der Begriff der Grundnorm 155
    1.2. Die Notwendigkeit einer
        Grundnorm 159
    1.3 Die Möglichkeit einer Grundnorm . 165
    1.4. Der Inhalt der Grundnorm 169

Inhalt

    1.5. Status und Aufgaben der Grundnorm 170
    1.5.1. Aufgaben 170
        1.5.1.1. Kategorientransformation . 170
        1.5.1.2. Kriterienfestlegung 171
        1.5.1.3. Einheitsstiftung 172
    1.5.2. Status 173
        1.5.2.1. Notwendige Voraussetzung . 174
        1.5.2.2. Mögliche Voraussetzung . . 175
        1.5.2.3. Gedachte Norm 177
        1.5.2.4. Begründungsunfähigkeit . . 182
  2. Die normative Grundnorm (Kant) . . . 186
  3. Die empirische Grundnorm (Hart) . . . 194

4. Kapitel
Definition 199

Literaturverzeichnis 207

DIE DOPPELNATUR DES RECHTS

I. Das Ideale 218
  1. Der Anspruch auf Richtigkeit 218
  2. Diskurstheorie 227

II. Das Reale 230

III. Die Versöhnung des Idealen mit dem Realen 232
  1. Äußerste Grenze 235

2. Demokratischer Konstitutionalismus . . 241
3. Juristische Argumentation 244
4. Reales und ideales Sollen 247

Personenregister 249

BEGRIFF UND GELTUNG
DES RECHTS

1. Kapitel

Das Problem des Rechtspositivismus

I. Die Grundpositionen

Das Hauptproblem im Streit um den Rechtsbegriff ist das Verhältnis von Recht und Moral. Trotz einer mehr als zweitausendjährigen Diskussion[1] stehen sich nach wie vor zwei Grundpositionen gegenüber: die positivistische und die nichtpositivistische.

Alle positivistischen Theorien vertreten die *Trennungsthese*. Diese sagt, daß der Begriff des Rechts so zu definieren ist, daß er keine moralischen Elemente einschließt. Die Trennungsthese setzt voraus, daß es keinen begrifflich notwendigen Zusammenhang zwischen dem Recht und der Moral, zwischen dem, was das Recht gebietet, und dem, was die Gerechtigkeit fordert, oder zwischen dem Recht, wie es ist, und dem Recht, wie es sein soll, gibt. Der große Rechtspositivist Hans Kelsen hat dies in die Formel

---

[1] So werden, um nur ein Beispiel zu nennen, auf die von Xenophon berichtete Frage des Alkibiades an Perikles: "Also auch, wenn ein Tyrann sich des Staates bemächtigt und den Bürgern vorschreibt, was sie tun sollen, auch das ist ein Gesetz?" (Xenophon 1917: 16) bis heute, wenn man unter "Gesetz" ein rechtlich geltendes Gesetz versteht, unterschiedliche Antworten gegeben.

gefaßt: "Daher kann jeder beliebige Inhalt Recht sein."[2]

Dem positivistischen Rechtsbegriff bleiben damit nur zwei Definitionselemente: das der ordnungsgemäßen oder der autoritativen[3] Gesetztheit und das der sozialen Wirksamkeit. Die zahlreichen Varianten des Rechtspositivismus[4] resultieren aus unterschiedlichen Interpretationen und Gewichtungen dieser beiden Definitionselemente.[5] Ihnen allen gemeinsam ist, daß

---

[2] Kelsen 1960: 201.

[3] Die Ausdrücke "ordnungsgemäße" und "autoritative Gesetztheit" können synonym oder nicht synonym verwendet werden. Sie werden synonym verwendet, wenn sie sich gleichermaßen auf Normen beziehen, die die Kompetenz zur Normsetzung statuieren, also sagen, wer auf welche Weise zur Normsetzung befugt ist. Diese Normen begründen dann, indem sie die Kriterien für die ordnungsgemäße Gesetztheit festlegen, die Normsetzungsautorität. Was ordnungsgemäß gesetzt ist, ist unter dieser Voraussetzung autoritativ gesetzt, und umgekehrt. Nicht synonym werden die beiden Ausdrücke demgegenüber gebraucht, wenn nur der Ausdruck "ordnungsgemäße Gesetztheit" auf Kompetenznormen bezogen wird, der Ausdruck "autoritative Gesetztheit" demgegenüber nur oder auch auf die faktische Macht zur Normsetzung. Es soll hier ausreichen, auf diese Bedeutungsvarianten hinzuweisen. Da der Faktor der Macht als Aspekt der Effektivität der sozialen Wirksamkeit zugeordnet werden kann, sollen im folgenden die beiden Ausdrücke synonym verwendet werden. Zumeist wird nur von "ordnungsgemäßer Gesetztheit" die Rede sein.

[4] Vgl. hierzu Ott 1976: 33-98.

[5] Vgl. R. Dreier 1991: 96.

das, was Recht ist, ausschließlich davon abhängt, was gesetzt und/oder wirksam ist. Eine wie auch immer beschaffene inhaltliche Richtigkeit spielt keine Rolle.

Alle nichtpositivistischen Theorien vertreten demgegenüber die *Verbindungsthese*. Diese sagt, daß der Begriff des Rechts so zu definieren ist, daß er moralische Elemente enthält. Dabei schließt kein ernstzunehmender Nichtpositivist die Elemente der ordnungsgemäßen Gesetztheit und der sozialen Wirksamkeit aus dem Rechtsbegriff aus. Was ihn vom Positivisten unterscheidet, ist vielmehr die Auffassung, daß der Begriff des Rechts so zu definieren ist, daß er neben diesen Merkmalen, die auf Tatsachen abstellen, auch moralische Elemente einschließt. Wiederum sind die unterschiedlichsten Interpretationen und Gewichtungen möglich.

II. Die praktische Bedeutung des Streits um den Rechtspositivismus

Der Streit um den Rechtsbegriff ist ein Streit darüber, was Recht ist. Jeder Jurist hat hierüber eine mehr oder weniger klare Vorstellung, die in seiner Praxis zum Ausdruck kommt. Der der juristischen Praxis zugrundeliegende Rechtsbegriff wird im allgemeinen als selbstverständlich vorausgesetzt, und es wird in gewöhnlichen Fällen, selbst wenn ihre Lösung zweifelhaft ist, als überflüssig angesehen, Überlegungen zum Rechtsbegriff anzustellen. Anders ist die Sache in ungewöhnlichen Fällen. In ihnen tritt der hinter jeder juristischen Praxis stehende Rechtsbegriff zu Tage und wird zu einem drängenden Problem. Das sei anhand von zwei Entscheidungen des Bundesverfassungsgerichts verdeutlicht.

1. Gesetzliches Unrecht

In der ersten Entscheidung, dem Staatsangehörigkeitsbeschluß aus dem Jahre 1968, geht es um das Problem gesetzlichen Unrechts. § 2 der 11. Verordnung zum Reichsbürgergesetz vom

25. November 1941 (RGBl. I S. 722) entzog emigrierten Juden aus rassischen Gründen die deutsche Staatsangehörigkeit. Das Bundesverfassungsgericht hatte zu entscheiden, ob ein jüdischer Rechtsanwalt, der kurz vor dem Zweiten Weltkrieg nach Amsterdam emigrierte, nach dieser Vorschrift die deutsche Staatsangehörigkeit verloren hat. Der Rechtsanwalt war 1942 von Amsterdam aus deportiert worden. Über sein weiteres Schicksal war nichts bekannt. Es war daher zu vermuten, daß er ums Leben gekommen ist, was bedeutet, daß die Möglichkeit, gemäß Art. 116 Abs. 2 GG die deutsche Staatsangehörigkeit wiederzuerlangen, auszuscheiden hatte.

Das Bundesverfassungsgericht kommt zu dem Ergebnis, daß der Rechtsanwalt seine deutsche Staatsangehörigkeit nie verloren hat, weil die 11. Verordnung zum Reichsbürgergesetz von Anfang an nichtig war. Seine Begründung lautet:

"Recht und Gerechtigkeit stehen nicht zur Disposition des Gesetzgebers. Die Vorstellung, daß ein 'Verfassunggeber alles nach seinem Willen ordnen kann, würde einen Rückfall in die Geisteshaltung eines wertungsfreien Gesetzespositivismus bedeuten, wie sie in der juristischen Wissenschaft und Praxis seit längerem überwunden ist. Gerade die Zeit des nationalsozialistischen Regimes in Deutschland hat gelehrt, daß auch der Gesetzgeber Unrecht setzen kann' (BVerfGE 3, 225 (232)). Daher hat das

Bundesverfassungsgericht die Möglichkeit bejaht, nationalsozialistischen 'Rechts'-Vorschriften die Geltung als Recht abzuerkennen, weil sie fundamentalen Prinzipien der Gerechtigkeit so evident widersprechen, daß der Richter, der sie anwenden oder ihre Rechtsfolgen anerkennen wollte, Unrecht statt Recht sprechen würde (BVerfGE 3, 58 (119); 6, 132 (198)).
Die 11. Verordnung verstieß gegen diese fundamentalen Prinzipien. In ihr hat der Widerspruch zur Gerechtigkeit ein so unerträgliches Maß erreicht, daß sie von Anfang an als nichtig erachtet werden muß (vgl. BGH, RzW 1962, 563; BGHZ 9, 34 (44); 10, 340 (342); 16, 350 (354); 26, 91 (93)). Sie ist auch nicht dadurch wirksam geworden, daß sie über einige Jahre hin praktiziert worden ist oder daß sich einige der von der 'Ausbürgerung' Betroffenen seinerzeit mit den nationalsozialistischen Maßnahmen im Einzelfall abgefunden oder gar einverstanden erklärt haben. Denn einmal gesetztes Unrecht, das offenbar gegen konstituierende Grundsätze des Rechts verstößt, wird nicht dadurch zu Recht, daß es angewendet und befolgt wird."[6]

Das ist ein klassisches nichtpositivistisches Argument. Einer ordnungsgemäß gesetzten und während ihrer Geltungsdauer sozial wirksamen Norm wird die Geltung oder — die Entscheidung ist hier nicht eindeutig — der Rechtscha-

---

[6] BVerfGE 23, 98 (106).

rakter abgesprochen, weil sie gegen überpositives Recht verstößt.

Man kann fragen, ob dieses Argument im Staatsangehörigkeitsbeschluß überhaupt erforderlich war. Das Gericht hätte versuchen können, sein Ergebnis ausschließlich damit zu begründen, daß die *heutige* Anerkennung der Rechtswirksamkeit der Ausbürgerung gegen den allgemeinen Gleichheitssatz des Art. 3 Abs. 1 GG sowie gegen Diskriminierungsverbote des Art. 3 Abs. 3 GG verstößt. Diese Möglichkeit mindert zwar für den im Staatsangehörigkeitsbeschluß entschiedenen Fall das Gewicht des nichtpositivistischen Arguments, nicht aber seine allgemeine Bedeutung. Nicht in jeder Situation, in der die rechtlichen Folgen eines Unrechtsregimes zu beurteilen sind, gilt eine Verfassung wie die des Grundgesetzes der Bundesrepublik Deutschland. Zudem gibt es Fälle, in denen es darauf ankommt, ob eine Norm von Anfang an nichtig war, was eine spätere Verfassung nicht bewirken kann. Man denke etwa an ordnungsgemäß gesetzte und sozial wirksame Normen eines Unrechtsregimes, die menschenrechtswidrige Verfolgungsmaßnahmen gebieten oder erlauben.[7] Die Frage, ob diejenigen, die gemäß diesen Normen gehandelt haben, nach Niederwerfung des Unrechtsregimes bestraft werden können, hängt, wenn kein rückwirkendes Gesetz erlassen wird,

---

[7] Vgl. etwa BGHSt 2, 173 (174 ff.).

wesentlich davon ab, ob diese Normen von Anfang an nichtig waren oder nicht.

2. *Rechtsfortbildung*

In der zweiten Entscheidung, dem Rechtsfortbildungsbeschluß aus dem Jahre 1973, geht es um die Zulässigkeit richterlicher Rechtsfortbildung gegen den Wortlaut eines Gesetzes, also um die Zulässigkeit einer contra-legem-Entscheidung. Nach § 253 BGB ist eine Entschädigung in Geld für immaterielle Schäden außer in den eng umgrenzten gesetzlich vorgesehenen Fällen ausgeschlossen. Der Bundesgerichtshof hat sich an diese Regelung nicht gehalten. Seit dem Jahre 1958 hat er in zahlreichen Fällen Entschädigung in Geld bei schweren Verletzungen des Persönlichkeitsrechts zugesprochen. Im zu entscheidenden Fall ging es darum, daß eine Wochenzeitschrift ein frei erfundenes Interview über private Angelegenheiten veröffentlicht hatte, welches die geschiedene Ehefrau des letzten Schahs von Iran, Prinzessin Soraya, gewährt haben sollte. Der Bundesgerichtshof sprach Prinzessin Soraya einen Schadensersatz in Höhe von 15 000 DM zu. Das widersprach dem Wortlaut des § 253 BGB, der Ersatz für immaterielle Schäden "nur in den durch das Gesetz bestimmten Fällen" zuläßt. Der Fall der Prinzessin Soraya gehörte eindeutig nicht zu diesen Fällen. Das Bundesverfassungsgericht hat die Rechtsprechung des Bundesgerichtshofs gebilligt. Ein Kernstück seiner Begründung lautet:

"Die traditionelle Bindung des Richters an das Gesetz, ein tragender Bestandteil des Gewaltentrennungsgrundsatzes und damit der Rechtsstaatlichkeit, ist im Grundgesetz jedenfalls der Formulierung nach dahin abgewandelt, daß die Rechtsprechung an 'Gesetz und Recht' gebunden ist (Art. 20 Abs. 3). Damit wird nach allgemeiner Meinung ein enger Gesetzespositivismus abgelehnt. Die Formel hält das Bewußtsein aufrecht, daß sich Gesetz und Recht zwar faktisch im allgemeinen, aber nicht notwendig und immer decken. Das Recht ist nicht mit der Gesamtheit der geschriebenen Gesetze identisch. Gegenüber den positiven Satzungen der Staatsgewalt kann unter Umständen ein Mehr an Recht bestehen, das seine Quelle in der verfassungsmäßigen Rechtsordnung als einem Sinnganzen besitzt und dem geschriebenen Gesetz gegenüber als Korrektiv zu wirken vermag; es zu finden und in Entscheidungen zu verwirklichen, ist Aufgabe der Rechtsprechung."[8]

---

[8] BVerfGE 34, 269 (286 f.). In späteren Entscheidungen hat das Bundesverfassungsgericht sich zwar des öfteren zurückhaltender zur richterlichen Rechtsfortbildung gegen den Wortlaut des Gesetzes geäußert, an ihrer grundsätzlichen Zulässigkeit aber festgehalten; vgl. BVerfGE 35, 263 (278 ff.); 37, 67 (81); 38, 386 (396 f.); 49,

Diese Entscheidung ist umstritten. Dem Bundesverfassungsgericht wird vorgehalten, daß die Zivilgerichte nicht selbst über eine Einschränkung des Wortlauts des § 253 BGB entscheiden durften. Sie hätten vielmehr gemäß Art. 100 Abs. 1 GG im Wege der konkreten Normenkontrolle eine Entscheidung des Bundesverfassungsgerichts darüber einholen müssen, ob § 253 BGB verfassungsgemäß ist.[9] Die Berechtigung dieses Einwandes hängt einerseits davon ab, ob die nichtpositivistische Interpretation der Klausel "Gesetz und Recht" in Art. 20 Abs. 3 GG richtig ist, und andererseits davon, wie das Verhältnis zwischen Art. 20 Abs. 3 GG und Art. 100 Abs. 1 GG zu bestimmen ist, wenn jene Interpretation richtig ist. Hier soll nur ersteres interessieren. Der Satz: "Das Recht ist nicht mit der Gesamtheit der geschriebenen Gesetze identisch", behält seine Bedeutung auch

---

304 (318 ff.); 65, 182 (190 ff.); 71, 354 (362 f.); 82, 6 (11 ff.).

[9] Koch/Rüßmann 1982: 255; vgl. ferner Müller 1986: 69 f. § 253 BGB ist vorkonstitutionelles Recht. Als vorkonstitutionelles Recht kann § 253 BGB nach der Rechtsprechung des Bundesverfassungsgerichts nur dann im Wege der konkreten Normenkontrolle überprüft werden, wenn der Bundesgesetzgeber es "in seinen Willen aufgenommen hat" (BVerfGE 64, 217 (220)). Sollte das nicht der Fall sein, hätten die Zivilgerichte § 253 BGB wegen eines Verstoßes gegen Art. 2 Abs. 1 i. V. m. Art. 1 Abs. 1 GG für partiell verfassungswidrig erklären können. Die Sperre des Wortlauts wäre dann für sie beseitigt gewesen.

dann, wenn man wegen des durch Art. 100 Abs. 1 GG vorgesehenen Verfahrens im deutschen Rechtssystem contra-legem-Entscheidungen generell für unzulässig hält. Das Problem der contra-legem-Entscheidung stellt sich in jedem Rechtssystem. Nicht jedes Rechtssystem aber kennt ein konkretes Normenkontrollverfahren, wie Art. 100 Abs. 1 GG es vorsieht. Wichtiger noch ist, daß jener Satz weit über den Bereich der contra-legem-Entscheidungen hinaus in jedem zweifelhaften Fall von Bedeutung ist. Ein zweifelhafter Fall liegt etwa dann vor, wenn das anzuwendende Gesetz unbestimmt ist und die Regeln der juristischen Methodenlehre nicht zwingend zu genau einem Ergebnis führen. Wer das Recht mit dem geschriebenen Gesetz identifiziert, also die These des Gesetzespositivismus[10] vertritt, der muß sagen, daß in zweifelhaften Fällen die Entscheidung durch außerrechtliche Faktoren determiniert wird. Ganz anders ist das Selbstverständnis des Nichtpositivisten. Da er das Recht nicht mit dem Gesetz identifiziert, kann für ihn die Entscheidung auch dann durch das Recht bestimmt werden, wenn das Gesetz sie nicht zwingend festlegt. Die unterschiedlichen Auffassungen darüber, was Recht ist, müssen zwar nicht zu

---

[10] An dieser Stelle wird nur eine Variante des Positivismus, die des Gesetzespositivismus, betrachtet. Das Argument kann leicht auf andere Spielarten des Positivismus übertragen werden.

unterschiedlichen Ergebnissen führen, sie können dies aber.

2. Kapitel

Der Begriff des Rechts

I. Hauptelemente

Die Frage lautet, welcher Rechtsbegriff richtig oder adäquat ist. Wer diese Frage beantworten will, muß drei Elemente ins Verhältnis setzen: das der ordnungsgemäßen *Gesetztheit*, das der sozialen *Wirksamkeit* und das der inhaltlichen *Richtigkeit*. Es entstehen ganz unterschiedliche Rechtsbegriffe, je nachdem, wie die Gewichte zwischen diesen Elementen verteilt werden. Wer der ordnungsgemäßen Gesetztheit und der sozialen Wirksamkeit keinerlei Bedeutung beimißt und ausschließlich auf die inhaltliche Richtigkeit abstellt, erhält einen rein natur- oder vernunftrechtlichen Rechtsbegriff. Zu einem rein positivistischen Rechtsbegriff kommt, wer die inhaltliche Richtigkeit ganz ausscheidet und allein auf die ordnungsgemäße Gesetztheit und/oder die soziale Wirksamkeit setzt. Im Raum zwischen diesen Extremen sind viele Zwischenformen denkbar.

Die Dreiteilung zeigt, daß dem Positivismus zwei Definitionselemente zur Verfügung stehen. Ein Positivist muß das Element der inhaltlichen Richtigkeit ausschließen, er kann dann aber das Verhältnis zwischen den Elementen der ordnungsgemäßen Gesetztheit und der sozialen Wirksamkeit sehr unterschiedlich bestimmen.

Auf diese Weise entstehen zahlreiche Varianten. Es sei zunächst ein Blick auf die unterschiedlichen Ausprägungen des Rechtspositivismus geworfen. Anschließend werden die positivistischen Rechtsbegriffe als unzulänglich zu kritisieren sein.

II. Positivistische Rechtsbegriffe

Die Elemente der sozialen Wirksamkeit und der ordnungsgemäßen Gesetztheit können nicht nur auf verschiedene Weisen miteinander kombiniert, sondern auch sehr unterschiedlich interpretiert werden. Das ist der Grund dafür, daß es eine fast unübersehbare Vielfalt positivistischer Rechtsbegriffe gibt. Diese lassen sich in zwei Hauptgruppen einteilen: in primär wirksamkeitsorientierte und in primär setzungsorientierte Rechtsbegriffe. Der Zusatz "primär" soll deutlich machen, daß in aller Regel die eine Orientierung nur den Schwerpunkt darstellt, was bedeutet, daß die andere nicht gänzlich ausgeschlossen wird.

1. *Primär wirksamkeitsorientierte Rechtsbegriffe*

Wirksamkeitsorientierte Rechtsdefinitionen finden sich vor allem im Umkreis soziologischer und realistischer Rechtstheorien. Sie unterscheiden sich danach, ob sie auf den äußeren oder auf den inneren Aspekt einer Norm oder eines Normensystems abstellen. Wieder geht es in den meisten Fällen nicht um eine strikte Dichotomie, sondern um eine Gewichtung. Zudem finden sich häufig Kombinationen.[1]

1.1. Äußerer Aspekt

Der äußere Aspekt einer Norm besteht in der Regelmäßigkeit ihrer Befolgung und/oder der Sanktionierung ihrer Nichtbefolgung. Entscheidend ist beobachtbares, wenn auch deutungsbedürftiges Verhalten. Die Hauptlinie der soziologischen Rechtsdefinitionen stellt hierauf ab. Beispiele sind die Definitionen Max Webers und Theodor Geigers. Bei Max Weber heißt es:

"Eine Ordnung soll heißen: ... *Recht*, wenn sie äußerlich garantiert ist durch die Chance des (physischen oder psychischen) *Zwanges* durch ein auf Erzwingung der Innehaltung oder Ahndung der Verletzung gerichtetes Handeln eines *eigens* darauf eingestellten *Stabes* von Menschen."[2]

---

[1] Ein Beispiel einer Kombination des äußeren mit dem inneren Aspekt findet sich etwa bei Ross 1958: 73 f.

[2] Weber 1976: 17. Im einzelnen ist Max Webers soziologischer Rechtsbegriff weitaus komplexer, als der angeführte Satz dies erkennen läßt. Hier geht es jedoch nur um die Grundidee. Das gilt auch für die anderen Definitionsbeispiele. Zu einer eingehenderen Darstellung des Weberschen Rechtsbegriffs vgl. Loos 1970: 93 ff.

Die Definition Theodor Geigers lautet:

"Was Recht sei, d. h. der Inhalt, den mit dem Wort Recht zu bezeichnen mir praktisch erscheint, ist schon des langen und breiten dargetan: die soziale Lebensordnung eines zentral organisierten gesellschaftlichen Großintegrats, sofern diese Ordnung sich auf einen von besonderen Organen monopolistisch gehandhabten Sanktionsapparat stützt."[3]

Wirksamkeitsorientierte Rechtsbegriffe, die auf den äußeren Aspekt abstellen, finden sich auch im Bereich der Jurisprudenz, insbesondere im pragmatischen Instrumentalismus. Ein berühmtes Beispiel ist die Voraussagedefinition Oliver Wendell Holmes':

"The prophecies of what the courts will do in fact, and nothing more pretentious, are what I mean by the law."[4]

Definitionen dieser Art zielen primär auf die Anwaltsperspektive.

1.2. Innerer Aspekt

Der innere Aspekt einer Norm besteht in der — wie auch immer beschaffenen — Motivation

---

[3] Geiger 1987: 297.
[4] Holmes 1897: 460 f.; vgl. dazu Summers 1982: 116 ff.

ihrer Befolgung und/oder Anwendung. Entscheidend sind psychische Dispositionen. Ein Beispiel für eine Definition, die hierauf abstellt, ist die Definition Ernst Rudolf Bierlings, in der der Begriff der Anerkennung eine zentrale Rolle spielt:

"Recht im juristischen Sinne ist im allgemeinen alles, was Menschen, die in irgend welcher Gemeinschaft miteinander leben, als Norm und Regel dieses Zusammenlebens wechselseitig anerkennen."[5]

Eine andere Variante einer Rechtsdefinition, bei der der innere Aspekt in Gestalt einer normativen Verhaltenserwartung eine wesentliche Rolle spielt, findet sich bei Niklas Luhmann:

"Wir können Recht nunmehr definieren als Struktur eines sozialen Systems, die auf kongruenter Generalisierung normativer Verhaltenserwartungen beruht."[6]

2. Primär setzungsorientierte Rechtsbegriffe

Setzungsorientierte Rechtsbegriffe finden sich vor allem im Bereich der analytischen Rechts-

---

[5] Bierling 1894: 19.
[6] Luhmann 1972: 105.

theorie, also im Umkreis der Richtungen der Rechtstheorie, die sich in erster Linie um die logische oder begriffliche Analyse der juristischen Praxis bemühen. Während bei den wirksamkeitsorientierten Rechtsbegriffen die Beobachterperspektive dominiert, steht bei den setzungsorientierten Rechtsbegriffen die Teilnehmerperspektive, insbesondere die Richterperspektive, im Vordergrund.
Ein klassisches Beispiel eines setzungsorientierten Rechtsbegriffs findet sich bei John Austin. Nach Austin besteht das Recht aus Befehlen:

"Every law or rule ... is a command."[7]

Ein Befehl wird dadurch definiert, daß er sanktionsbewehrt ist:

"A command is distinguished from other significations of desire, not by the style in which the desire is signified, but by the power and the purpose of the party commanding to inflict an evil or pain in case the desire be disregarded."[8]

Nicht jeder Befehl ist Recht, sondern nur derjenige einer politisch übergeordneten Instanz:

"Of the laws or rules set by men to men, some are established by political superiors, sovereign and

---

[7] J. Austin 1885: 88.
[8] Ebd. 89.

subject: by persons exercising supreme and subordinate government, in independent nations, or independent political societies ... To the aggregate of the rules thus established, or to some aggregate forming a portion of that aggregate, the term law, as used simply and strictly, is exclusively applied."[9]

Faßt man dies zusammen, so kann man sagen, daß Austin das Recht als Gesamtheit der sanktionsbewehrten Befehle eines Souveräns definiert. Eine stärkere Orientierung an der Setzung ist kaum möglich. Dennoch spielen auch in Austins Theorie Wirksamkeitselemente eine nicht unwichtige Rolle. So kombiniert Austin das Setzungs- mit dem Wirksamkeitselement, indem er den Souverän als jemanden definiert, dem gewohnheitsmäßig gehorcht wird:

"If a determinate human superior, not in a habit of obedience to a like superior, receive habitual obedience from the bulk of a given society, that determinate superior is sovereign in that society ..."[10]

Die bedeutendsten Vertreter eines setzungsorientierten Rechtspositivismus im 20. Jahrhundert sind Hans Kelsen und Herbert Hart. Kelsen definiert das Recht als eine "normative Zwangs-

---

[9] Ebd. 86 f.
[10] Ebd. 221.

ordnung"[11], deren Geltung auf einer vorausgesetzten Grundnorm beruht,

"derzufolge man einer tatsächlich gesetzten, im großen und ganzen wirksamen Verfassung und daher den gemäß dieser Verfassung tatsächlich gesetzten, im großen und ganzen wirksamen Normen entsprechen soll"[12].

Der Status dieser Grundnorm wird weiter unten zu behandeln sein.[13] Hier sei nur vorab bemerkt, daß es sich um eine gänzlich inhaltsneutrale, bloß gedachte Norm handelt, die nach Kelsen vorausgesetzt werden muß, wenn man eine Zwangsordnung als Rechtsordnung deuten will. An dieser Stelle ist allein von Bedeutung, daß Kelsens Definition zwar primär setzungsorientiert ist, daneben aber auch das Element der Wirksamkeit einschließt:

"Setzung und Wirksamkeit sind in der Grundnorm zur Bedingung der Geltung gemacht; Wirksamkeit in dem Sinne, daß sie zur Setzung hinzutreten muß, damit die Rechtsordnung als Ganzes ebenso wie eine einzelne Rechtsnorm ihre Geltung nicht verliere."[14]

---

[11] Kelsen 1960: 45 ff.
[12] Ebd. 219.
[13] Vgl. unten 155 ff.
[14] Kelsen 1960: 219.

Nach Hart ist das Recht ein System von Regeln, das sich anhand einer Erkenntnis- oder Anerkennungsregel (rule of recognition) identifizieren läßt. Die Funktion dieser Regel entspricht der der Grundnorm Kelsens. Ihr Status ist jedoch, worauf noch einzugehen sein wird, ganz anderer Art.[15] Ihre Existenz ist eine soziale Tatsache:

"The rule of recognition exists only as a complex, but normally concordant, practice of the courts, officials, and private persons in identifying the law by reference to certain criteria. Its existence is a matter of fact."[16]

Für das englische Rechtssystem formuliert Hart ein Kernstück der Erkenntnis- oder Anerkennungsregel in dem Satz: "What the Queen in Parliament enacts is law."[17]

---

[15] Vgl. unten 194 ff.
[16] Hart 1961: 107.
[17] Ebd. 104.

III. Kritik der positivistischen Rechtsbegriffe

Der kurze Blick auf die positivistischen Rechtsbegriffe zeigt, daß im Bereich des Rechtspositivismus sehr unterschiedliche Positionen vertreten werden. Ihnen allen gemeinsam ist nur die These der Trennung von Recht und Moral. Wenn sicher wäre, daß die positivistische Trennungsthese richtig ist, könnte die Analyse des Rechtsbegriffs sich ganz auf die Frage beschränken, was die beste Interpretation der Elemente der Wirksamkeit und der Gesetztheit ist und wie die beiden Elemente am besten ins Verhältnis zu setzen sind. Die oben angeführten Entscheidungen des Bundesverfassungsgerichts zeigen jedoch, daß die Trennungsthese zumindest nicht als selbstverständlich angesehen werden kann. Deshalb ist zu fragen, ob ein positivistischer Rechtsbegriff als solcher überhaupt adäquat ist. Das hängt davon ab, ob die Trennungs- oder die Verbindungsthese zutrifft.

1. Trennungs- und Verbindungsthese

Die Trennungs- und die Verbindungsthese sagen, wie der Begriff des Rechts zu definieren ist. Auf diese Weise formulieren sie das Ergebnis einer Argumentation, ohne schon die Argumente, die sie stützen, zum Ausdruck zu bringen. Die Argumente, die zu ihrer Stützung vorgebracht werden können, lassen sich in zwei Gruppen einteilen: in analytische und normative.[18]

---

[18] Man könnte an eine dritte Gruppe denken, nämlich an empirische Argumente. Bei näherem Hinsehen zeigt sich jedoch, daß die empirischen Argumente, wenn es um die Definition des Rechtsbegriffs entweder im Sinne der Trennungs- oder im Sinne der Verbindungsthese geht, zu Bestandteilen analytischer oder normativer Argumente werden. Es ist eine empirische These, daß ein Rechtssystem, das weder das Leben noch die Freiheit, noch das Eigentum irgendeines Rechtssubjekts schützt, keine Aussicht auf dauerhafte Geltung hat. Der Schutz von Leben, Freiheit und Eigentum ist aber auch eine moralische Forderung. Es kann daher gesagt werden, daß die Erfüllung bestimmter minimaler moralischer Forderungen für die dauerhafte Geltung eines Rechtssystems faktisch notwendig ist. Das empirische Argument führt bis zu genau diesem Punkt und nicht weiter. Um die Brücke zum Rechtsbegriff zu schlagen, ist es in ein analytisches Argument einzufügen, das sagt, daß aus begrifflichen Gründen nur Systeme, die dauerhafte Geltung haben, Rechtssysteme sind. Eine Einfügung in ein normatives Argument findet demgegenüber etwa dann statt, wenn die empirische These, daß bestimmte Ziele wie das Überleben nur dann erreicht werden können, wenn das Recht bestimmte Inhalte aufweist, zusammen mit der normativen Prämisse, daß dieses Ziel erreicht werden soll, als Argument für eine bestimmte Definition des Rechts angeführt wird.

Das wichtigste *analytische* Argument für die positivistische Trennungsthese lautet, daß kein begrifflich notwendiger Zusammenhang zwischen Recht und Moral besteht. Jeder Positivist muß diese These vertreten, denn wenn er einräumt, daß ein begrifflich notwendiger Zusammenhang zwischen Recht und Moral existiert, kann er nicht mehr sagen, daß das Recht unter Ausschluß moralischer Elemente zu definieren ist. Der Nichtpositivist ist demgegenüber auf der Ebene der analytischen Argumente frei. Er kann entweder einen begrifflich notwendigen Zusammenhang behaupten oder hierauf verzichten. Wenn es ihm gelingt, einen begrifflich notwendigen Zusammenhang darzutun, hat er den Streit bereits für sich entschieden. Gelingt es ihm nicht, einen begrifflich notwendigen Zusammenhang darzutun, oder verzichtet er auf die Behauptung eines begrifflich notwendigen Zusammenhanges, so hat er den Streit noch nicht verloren. Er kann versuchen, seine These, daß der Begriff des Rechts unter Einbeziehung moralischer Argumente zu definieren sei, auf normative Argumente zu stützen.

Die Trennungs- oder die Verbindungsthese wird durch ein *normatives* Argument gestützt, wenn dargetan wird, daß der Nicht-Einschluß oder der Einschluß moralischer Elemente in den Rechtsbegriff notwendig ist, um ein bestimmtes Ziel zu erreichen oder eine bestimmte Norm zu erfüllen. Derartig begründete Verbindungen oder Trennungen können als "normativ notwendig" bezeichnet werden.[19] Um normative Argumente geht es etwa dann, wenn für die Trennungsthese angeführt wird, daß nur sie zu sprachlich-begrifflicher Klarheit führe oder daß nur sie Rechtssicherheit garantiere, oder wenn zugunsten der Verbindungsthese geltend gemacht wird, daß mit ihrer Hilfe die Probleme gesetzlichen Unrechts am besten gelöst werden könnten.

In neueren Debatten über den Begriff des Rechts ist die Auffassung verbreitet, daß der Ausdruck "Recht" in einem solchen Maße mehrdeutig und vage sei, daß im Streit über den Rechtspositivismus nichts mittels einer begrifflichen Analyse entschieden werden könne.[20] Es gehe in diesem Streit lediglich um "eine normative Festsetzung, einen definitorischen Vorschlag".[21] Derartige Begriffsbildungen können definitionsgemäß nur durch normative Argumente oder Zweckmäßigkeitsüberlegungen gerechtfertigt werden. Diese These setzt die These voraus, daß ein Zusammenhang zwischen Recht

---

[19] Die normative Notwendigkeit ist strikt von der begrifflichen Notwendigkeit zu unterscheiden. Daß etwas normativ notwendig ist, heißt nichts anderes, als daß es geboten ist. Die Geltung eines Gebotes aber kann man bestreiten, ohne einen Widerspruch zu begehen, die Existenz einer begrifflichen Notwendigkeit nicht. Damit ist deutlich, daß die normative Notwendigkeit nur eine Notwendigkeit im weiteren Sinne ist.
[20] Vgl. statt vieler Ott 1976: 140 ff.
[21] Hoerster 1986: 2481.

und Moral weder begrifflich unmöglich noch begrifflich notwendig ist. Der erste Teil dieser These, also die Behauptung, daß ein Zusammenhang zwischen Recht und Moral nicht begrifflich unmöglich ist, trifft zu. Es gibt Situationen, in denen ein Satz wie: "Die Norm N ist ordnungsgemäß gesetzt und sozial wirksam, aber kein Recht, weil sie gegen fundamentale Prinzipien verstößt", keinen Widerspruch einschließt. Das müßte er aber, wenn ein Zusammenhang zwischen Recht und Moral begrifflich unmöglich wäre. Zu bezweifeln ist demgegenüber der zweite Teil jener These, also die Behauptung, daß es keinen begrifflich notwendigen Zusammenhang zwischen Recht und Moral gibt. Es soll im weiteren gezeigt werden, daß ein solcher Zusammenhang existiert. Wenn dies gelingt, dann ist die gängige Auffassung, daß es im Streit um den Rechtsbegriff ausschließlich um eine Zweckmäßigkeitsentscheidung geht, die nur mit normativen Argumenten gerechtfertigt werden kann, falsch. Das bedeutet nicht, daß normative Überlegungen bei der Erörterung des Rechtsbegriffs keine Rolle spielen. Es wird sich herausstellen, daß das begriffliche Argument erstens nur eine begrenzte Reichweite und zweitens nur eine begrenzte Kraft hat. Außerhalb der Reichweite des begrifflichen Arguments und zur Verstärkung seiner Kraft sind normative Argumente notwendig. Die These lautet, daß es erstens einen begrifflich notwendigen Zusammenhang zwischen Recht und Moral gibt und daß zweitens normative Gründe für einen Einschluß moralischer Elemente in den Rechtsbegriff sprechen, die teils die Kraft des begrifflich notwendigen Zusammenhanges verstärken und teils über ihn hinausgehen; kurz: Es gibt sowohl begrifflich als auch normativ notwendige Zusammenhänge zwischen Recht und Moral.

2. Ein begrifflicher Rahmen

Die Begründung der These, daß es sowohl begrifflich als auch normativ notwendige Zusammenhänge zwischen Recht und Moral gibt, soll in einem begrifflichen Rahmen erfolgen, der aus fünf Unterscheidungen besteht.[22]

2.1. Geltungsfreie und nicht geltungsfreie Rechtsbegriffe

Die erste Unterscheidung ist die zwischen geltungsfreien und nicht geltungsfreien Rechtsbegriffen. *Nicht geltungsfrei* ist ein Rechtsbegriff, der den Begriff der Geltung einschließt. *Geltungsfrei* ist ein Rechtsbegriff, der dies nicht

---

[22] Vgl. Alexy 1990: 11 ff.

tut.[23] Daß Anlaß für diese Unterscheidung besteht, ist leicht zu erkennen. So kann man, ohne sich zu widersprechen, sagen: "N ist eine Rechtsnorm, aber N gilt nicht/nicht mehr/noch nicht." Es ist ferner möglich, sich ein ideales Rechtssystem auszudenken und sodann, ohne einen Widerspruch zu begehen, zu bemerken: "Dieses Rechtssystem wird niemals gelten." Umgekehrt braucht der, der sich auf geltendes Recht beruft, nicht von Geltung zu sprechen. Er kann einfach sagen: "Das Recht verlangt dies." Damit ist deutlich, daß sowohl ein Begriff des Rechts möglich ist, der den Begriff der Geltung einschließt, als auch ein solcher, der dies nicht tut.

Zur Erörterung des Positivismus empfiehlt es sich, einen Begriff des Rechts zu wählen, der den der Geltung einschließt. Auf diese Weise kann eine Trivialisierung des Problems vermieden werden, die darin besteht, das Recht erst ohne Bezug auf die Dimension der Geltung als eine Klasse von Normen, etwa für äußeres Verhalten,[24] zu definieren, um dann zu sagen, daß es keinen begrifflich notwendigen Zusammenhang zwischen Recht und Moral geben könne, weil es möglich sei, sich Normen für äußeres Verhalten mit beliebigem Inhalt vorzustellen. Die Einbeziehung des Begriffs der Geltung in den Begriff des Rechts bedeutet

---

[23] Vgl. hierzu H. Kantorowicz o. J.: 32 ff.
[24] Vgl. hierzu R. Dreier 1987: 374 f.

einen Einschluß des institutionellen Kontextes der Rechtsetzung, Rechtsanwendung und Rechtsdurchsetzung in diesen Begriff. Dieser Kontext kann für die Frage eines begrifflich notwendigen Zusammenhanges von Bedeutung sein.

2.2. *Rechtssysteme als Normensysteme und als Systeme von Prozeduren*

Die zweite Unterscheidung ist die zwischen dem Rechtssystem als einem System von Normen und dem Rechtssystem als einem System von Prozeduren.[25] Als ein System von *Prozeduren* ist das Rechtssystem ein System von auf Regeln beruhenden und durch Regeln geleiteten Handlungen, durch die Normen gesetzt, begründet, interpretiert, angewandt und durchgesetzt werden. Als ein System von *Normen* ist das Rechtssystem ein System von Ergebnissen oder Produkten wie auch immer beschaffener Normerzeugungsprozeduren. Man kann sagen, daß derjenige, der das Rechtssystem als ein System von Normen ansieht, sich auf seine

---

[25] Zum Rechtssystem als einem System von Prozeduren vgl. Alexy 1981: 185 ff. Lon Fullers Unterscheidung zwischen "the purposive effort that goes into the making of law and the law that in fact emerges from that effort" (Fuller 1969: 193), dürfte der hier getroffenen Unterscheidung zwischen Norm und Prozedur nahekommen.

äußere Seite bezieht. Demgegenüber geht es um die innere Seite, wenn das Rechtssystem als ein System von Prozeduren betrachtet wird.

2.3. *Beobachter- und Teilnehmerperspektive*

Die dritte Unterscheidung ist die zwischen der Beobachter- und der Teilnehmerperspektive. Diese Dichotomie ist vieldeutig. Hier soll sie in folgender Interpretation verwendet werden: Die *Teilnehmerperspektive* nimmt ein, wer in einem Rechtssystem an einer Argumentation darüber teilnimmt, was in diesem Rechtssystem geboten, verboten und erlaubt ist und zu was es ermächtigt. Im Zentrum der Teilnehmerperspektive steht der Richter. Wenn andere Teilnehmer, etwa Rechtswissenschaftler, Rechtsanwälte oder am Rechtssystem interessierte Bürger, Argumente für oder gegen bestimmte Inhalte des Rechtssystems vorbringen, dann beziehen sie sich letzthin darauf, wie ein Richter zu entscheiden hätte, wenn er richtig entscheiden wollte. Die *Beobachterperspektive* nimmt ein, wer nicht fragt, was in einem bestimmten Rechtssystem die richtige Entscheidung ist, sondern wie in einem bestimmten Rechtssystem tatsächlich entschieden wird. Ein Beispiel für einen derartigen Beobachter ist Norbert Hoersters weißer Amerikaner, der unter der Geltung der Apartheid-Gesetze mit seiner dunkelhäutigen Ehefrau Südafrika bereisen möchte und sich über juristische Einzelheiten seiner Reise Gedanken macht.[26]

Die Unterscheidung zwischen der Teilnehmer- und der Beobachterperspektive ist der von Herbert Hart getroffenen Unterscheidung zwischen einem internen und einem externen Standpunkt (internal/external point of view)[27] verwandt. Von einer Übereinstimmung in allen Hinsichten kann allerdings schon deshalb nicht die Rede sein, weil die Hartsche Unterscheidung mehrdeutig ist.[28] Hier soll deshalb die Festlegung getroffen werden, daß immer dann, wenn ohne erläuternde Zusätze von einem internen und einem externen Standpunkt gesprochen wird, genau das gemeint ist, was als Teilnehmer- und Beobachterperspektive definiert wurde.

2.4. Klassifizierende und qualifizierende Zusammenhänge

Die vierte Unterscheidung bezieht sich auf zwei unterschiedliche Arten von Zusammenhängen von Recht und Moral. Die erste Art soll als "klassifizierend", die zweite als "qualifizierend" bezeichnet werden. Um einen *klassifizierenden*

---

[26] Hoerster 1986: 2481.
[27] Hart 1961: 86 f.
[28] Vgl. MacCormick 1978: 275 ff.

Zusammenhang geht es, wenn behauptet wird, daß Normen oder Normensysteme, die ein bestimmtes moralisches Kriterium nicht erfüllen, aus begrifflichen oder normativen Gründen keine Rechtsnormen oder keine Rechtssysteme sind. Um einen *qualifizierenden* Zusammenhang geht es, wenn behauptet wird, daß Normen oder Normensysteme, die ein bestimmtes moralisches Kriterium nicht erfüllen, zwar Rechtsnormen oder Rechtssysteme sein können, aus begrifflichen oder normativen Gründen aber rechtlich fehlerhafte Rechtsnormen oder rechtlich fehlerhafte Rechtssysteme sind. Entscheidend ist, daß der Fehler, der behauptet wird, ein rechtlicher Fehler ist und nicht bloß ein moralischer. Argumente, die auf qualifizierende Zusammenhänge zielen, stützen sich auf die Annahme, daß in der Realität eines Rechtssystems notwendig rechtliche Ideale enthalten sind. Statt von einem "qualifizierenden" könnte deshalb auch von einem "idealen Zusammenhang" die Rede sein.

2.5. Kombinationen

Den dargelegten vier Unterscheidungen, also den Unterscheidungen zwischen einem geltungsfreien und einem nicht geltungsfreien Rechtsbegriff, zwischen Norm und Prozedur, zwischen Beobachter und Teilnehmer und zwischen klassifizierenden und qualifizierenden

Zusammenhängen, ist als fünfte die bereits behandelte Unterscheidung zwischen einem *begrifflich* und einem *normativ notwendigen Zusammenhang* hinzuzufügen. Damit ist der begriffliche Rahmen vollständig. Er macht deutlich, daß mit der These, daß ein notwendiger Zusammenhang zwischen Recht und Moral besteht, sehr Verschiedenes gemeint sein kann. In ihm sind 32 Kombinationen der in den fünf Unterscheidungen enthaltenen Merkmale möglich. Für jede Kombination läßt sich sowohl die These formulieren, daß ein notwendiger Zusammenhang besteht, als auch die, daß er nicht besteht. Es entstehen also insgesamt 64 Thesen. Nun gibt es zwischen diesen 64 Thesen ohne Zweifel einige Implikationsbeziehungen, so daß die Wahrheit oder Falschheit einiger der Thesen die Wahrheit oder Falschheit anderer nach sich zieht. Zudem ist es möglich, daß einige Kombinationen begrifflich unmöglich sind. Das ändert jedoch nichts an der grundsätzlichen Einsicht, daß es im Streit über notwendige Beziehungen zwischen Recht und Moral um eine Vielzahl unterschiedlicher Behauptungen geht. Eine Erklärung für die Ergebnislosigkeit dieses Streites dürfte sein, daß seine Teilnehmer oft nicht erkennen, daß die These, die sie verteidigen, von ganz anderer Art ist als die, die sie angreifen, so daß sie aneinander vorbeireden. Diese Erklärung gewinnt noch an Plausibilität, wenn berücksichtigt wird, daß neben den fünf hier ins Spiel gebrachten Unterscheidungen weitere denkbar sind, so daß die Zahl der möglichen Thesen weit über 64 hinaus anschwellen könnte.

Hier ist die Vielzahl der Thesen bereits in einer Hinsicht reduziert worden: Es wird von einem Rechtsbegriff ausgegangen, der den Begriff der Geltung einschließt. Eine weitere Vereinfachung soll dadurch hergestellt werden, daß eine Unterscheidung in den Vordergrund gestellt wird: die zwischen der Beobachterperspektive oder dem externen Standpunkt und der Teilnehmerperspektive oder dem internen Standpunkt. Die anderen Unterscheidungen werden im Rahmen dieser Dichotomie zum Tragen kommen. Die Frage lautet somit, ob aus der Beobachter- oder der Teilnehmerperspektive die Trennungs- oder die Verbindungsthese zutrifft.

3. Die Beobachterperspektive

Das Problem des Rechtspositivismus wird zumeist als Problem eines klassifizierenden Zusammenhanges zwischen Recht und Moral erörtert. Es wird gefragt, ob ein Verstoß gegen irgendein moralisches Kriterium den Normen eines Normensystems den Charakter von Rechtsnormen oder dem gesamten Normensystem den Charakter eines Rechtssystems nimmt. Wer diese Frage positiv beantworten will, muß zeigen, daß der Rechtscharakter von Normen oder Normensystemen bei Überschreiten einer bestimmten Schwelle des Unrechts oder der Ungerechtigkeit verlorengeht. Genau diese These vom Verlust der Rechtsqualität bei Überschreiten einer wie auch immer zu bestimmenden Unrechtsschwelle soll als *"Unrechtsargument"* bezeichnet werden.[29] Das Unrechtsargument ist nichts anderes als die auf einen klassifizierenden Zusammenhang bezogene Verbindungsthese. Hier soll zunächst gefragt werden, ob die Verbindungsthese in Gestalt des Unrechtsarguments zutrifft, wenn die Beobachterperspektive eingenommen wird. Dabei ist zwischen einzelnen Normen eines Rechtssystems und Rechtssystemen als Ganzen zu unterscheiden.

3.1. Einzelne Normen

Die wohl bekannteste Version des auf einzelne Normen bezogenen Unrechtsarguments stammt von Gustav Radbruch. Seine berühmte Formel lautet:

"Der Konflikt zwischen der Gerechtigkeit und der Rechtssicherheit dürfte dahin zu lösen sein, daß das positive, durch Satzung und Macht gesicherte Recht auch dann den Vorrang hat, wenn es inhaltlich ungerecht und unzweckmäßig ist, es sei denn, daß

---

[29] Vgl. R. Dreier 1991: 99. Andere Bezeichnungen sind: Tyrannis-, lex corrupta-, Perversions- und Totalitarismusargument.

der Widerspruch des positiven Gesetzes zur Gerechtigkeit ein so unerträgliches Maß erreicht, daß das Gesetz als 'unrichtiges Recht' der Gerechtigkeit zu weichen hat."[30]

Diese Formel liegt dem oben dargestellten Staatsangehörigkeitsbeschluß[31] sowie einer Reihe weiterer Entscheidungen des Bundesverfassungsgerichts und des Bundesgerichtshofs zugrunde.[32]
Die Frage lautet, ob die Radbruchsche Formel vom Standpunkt eines Beobachters aus akzeptabel ist. Als Beispiel kann wieder die 11. Verordnung zum Reichsbürgergesetz vom 25. November 1941 dienen, durch die emigrierten Juden aus rassischen Gründen die deutsche Staatsangehörigkeit entzogen wurde. Das Bundesverfassungsgericht hat diese Verordnung unter Berufung auf jene Formel als von Anfang an nichtig erachtet. Das geschah aus der Teilnehmerperspektive. Wie würde ein zeitgenössischer Beobachter des nationalsozialistischen Rechtssystems, etwa ein ausländischer Jurist, der für eine juristische Fachzeitschrift seines Heimatlandes einen Bericht über das Rechtssystem des

---

[30] Radbruch 1973c: 345.
[31] BVerfGE 23, 98 (106).
[32] Vgl. BVerfGE 3, 58 (119); 3, 225 (233); 6, 132 (198); 6, 309 (332); 6, 389 (414 f.); 54, 53 (67 f.); BGHZ 3, 94 (107); 23, 175 (181); BGHSt 2, 173 (177); 2, 234 (238 f.); 3, 357 (362 f.).

Nationalsozialismus verfassen will, den Fall des ausgebürgerten Juden *A* beschreiben? Jeder in seinem Heimatland würde den Satz:

(1) *A* ist nach dem deutschen Recht ausgebürgert,

verstehen, ohne daß irgendwelche Erläuterungen hinzugefügt werden müßten. Das ist bei dem Satz:

(2) *A* ist nach dem deutschen Recht nicht ausgebürgert,

nicht der Fall. Wenn diesem Satz keine weiteren Informationen hinzugefügt werden, informiert er entweder falsch oder er verwirrt.
Bereits dies zeigt, daß von dem hier betrachteten externen Standpunkt eines Beobachters aus ein Einschluß moralischer Elemente in den Rechtsbegriff jedenfalls nicht begrifflich notwendig ist. Es besteht vielmehr Anlaß zu fragen, ob von diesem Standpunkt aus ein solcher Einschluß begrifflich unmöglich ist. Man nehme an, der Bericht unseres Beobachters enthalte folgenden Satz:

(3) *A* ist nach dem deutschen Recht nicht ausgebürgert, obwohl alle deutschen Gerichte und Behörden *A* als ausgebürgert behandeln und sich dabei auf den Wortlaut einer Norm stützen, die nach den Geltungskriterien des in Deutsch-

land wirksamen Rechtssystems ordnungsgemäß gesetzt ist.

Als Satz eines Beobachters enthält dieser Satz einen Widerspruch. Für einen Beobachter gehört dasjenige zum Recht, was die Gerichte und Behörden tun, wenn sie sich auf den Wortlaut von Normen stützen, die nach den Geltungskriterien des jeweils wirksamen Rechtssystems ordnungsgemäß gesetzt sind. Damit ist deutlich, daß es eine Verwendung des Ausdrucks "Recht" in der Beobachterperspektive gibt, nach der ein auf einzelne Normen bezogener klassifizierender Einschluß moralischer Elemente in den Rechtsbegriff nicht nur nicht begrifflich notwendig, sondern darüber hinaus auch begrifflich unmöglich ist. Dem kann nicht entgegengehalten werden, daß unser Beobachter seinen Bericht ohne weiteres mit folgender offenen Frage schließen kann:

(4) *A* ist nach den in Deutschland geltenden Kriterien ordnungsgemäß ausgebürgert, und die Ausbürgerung ist auch sozial wirksam, aber ist sie Recht?

Mit dieser Frage wird die Position des Beobachters verlassen und die des Kritikers eingenommen. Der Ausdruck "Recht" erhält bei diesem Perspektivenwechsel eine andere Bedeutung.[33]

---

[33] Die Änderung der Bedeutung bezieht sich dabei

Es ist deshalb festzuhalten, daß sich die Radbruchsche Verbindungsthese aus der Perspektive eines Beobachters nicht auf einen begrifflich notwendigen Zusammenhang zwischen Recht und Moral stützen läßt.

Zu diesem begrifflichen oder analytischen Argument tritt eine Zweckmäßigkeitsüberlegung und damit ein normatives Argument. Norbert Hoerster hat behauptet, daß erstens ein Bedürfnis dafür besteht, eine wertneutrale Bezeichnung für ordnungsgemäß gesetzte und sozial wirksame Normen wie die 11. Verordnung zu haben, und daß es zweitens keine brauchbare Alternative zu dem Ausdruck "Recht" gibt.[34] Dem ist, was die Beobachterperspektive betrifft, beizupflichten.[35] Sowohl analytische als auch normative Erwägungen führen damit zu dem Ergebnis, daß vom Standpunkt eines Beobachters aus, der Einzelnormen betrachtet und nach einem klassifizierenden Zusammenhang fragt, die positivistische Trennungsthese richtig ist.

---

auch auf das, was begrifflich notwendig oder analytisch wahr ist. Zur These, daß dasjenige, was begrifflich notwendig oder analytisch wahr ist, vom Gebrauch abhängt, vgl. Hamlyn 1967: 108.

[34] Hoerster 1987: 187.

[35] Nicht zuzustimmen ist allerdings der weitergehenden These, daß das, was für den "ausschließlich extern beschreibenden" Standpunkt gilt, auch für alle anderen Standpunkte zutrifft (Hoerster 1987: 187 f.). Unterschiedlichen Standpunkten können verschiedene Rechtsbegriffe korrespondieren, und daß sie dies tun sollten, wird zu zeigen sein.

Das Radbruchsche Unrechtsargument ist von diesem Standpunkt aus nicht zu akzeptieren.

3.2. *Rechtssysteme*

Was auf eine einzelne Norm zutrifft, muß nicht für ein Rechtssystem als Ganzes gelten.[36] Es ist deshalb zu fragen, ob zwischen Rechtssystemen als Ganzen und der Moral eine begrifflich notwendige Beziehung besteht. Wieder soll die Frage vom Standpunkt eines Beobachters aus gestellt werden, der nach einem klassifizierenden Zusammenhang fragt, also wissen will, ob der Verstoß gegen irgendwelche moralischen Anforderungen einem Normensystem den Charakter eines Rechtssystems nimmt.

Es lassen sich zwei Arten von moralischen Anforderungen unterscheiden, die in einer notwendigen Beziehung zum Rechtssystem stehen können: formelle und materielle. Ein Beispiel für eine Theorie, die einen notwendigen Zusammenhang zwischen formellen moralischen Kriterien und dem Rechtssystem behauptet, ist Fullers Theorie der internen Moral des Rechts (internal morality of law). Hierzu rechnet Fuller Prinzipien der Rechtsstaatlichkeit (legality) wie die der Allgemeinheit des Gesetzes (generality of law), der Publizität (promulgation) und des Verbotes der Rückwirkung (retroactive laws).[37]

---

[36] Vgl. hierzu Hart 1971: 46.
[37] Fuller 1969: 46 ff.

Demgegenüber geht es um den Zusammenhang zwischen materiellen moralischen Kriterien und dem Rechtssystem, wenn Otfried Höffe behauptet, daß Normensysteme, die bestimmte fundamentale Gerechtigkeitskriterien nicht erfüllen, keine Rechtsordnungen sind.[38] Diese fundamentalen Gerechtigkeitskriterien werden von ihm durch das Prinzip des distributiven Vorteils bestimmt, das das Prinzip der kollektiven Sicherheit einschließt, welches u. a. ein an alle Mitglieder der Rechtsgemeinschaft adressiertes Verbot von Mord und Totschlag sowie von Raub und Diebstahl fordert.[39]

Bei der Erörterung derartiger Zusammenhänge ist deutlich zwischen faktischen und begrifflichen Zusammenhängen zu unterscheiden.[40] Daß ein Rechtssystem, das keine generellen oder nur geheime oder ausschließlich rückwirkende Normen enthält oder das weder das Leben noch die Freiheit, noch das Eigentum seiner Mitglieder schützt, angesichts der vorhandenen Eigenschaften der Welt und der Menschen keine Chance auf dauerhafte Geltung und in diesem Sinne auf dauerhafte Existenz hat, ist eine einfache, aber wichtige empirische Tatsa-

---

[38] Höffe 1987: 159, 170.
[39] Ebd. 169 ff.
[40] Auf einen bloß faktischen Zusammenhang zielt Kelsen, wenn er ein "Minimum an kollektiver Sicherheit" als "Bedingung einer relativ dauernden Wirksamkeit" (Kelsen 1960: 49 f.), nicht aber als notwendiges moralisches Element des Rechtsbegriffs bezeichnet.

che, die hier jedoch nicht weiter untersucht werden soll. Die Frage lautet vielmehr, ob ein solches System noch unter den Begriff des Rechtssystems fällt.

Es gibt zwei Arten von sozialen Ordnungen, die, ganz unabhängig davon, ob sie dauerhafte Geltung entfalten können oder nicht, schon aus begrifflichen Gründen keine Rechtssysteme sind: sinnlose und prädatorische oder räuberische. Eine *sinnlose* Ordnung liegt dann vor, wenn eine Gruppe von Individuen so beherrscht wird, daß weder konsistente Zwecke des oder der Herrschenden erkennbar sind noch eine dauerhafte Zweckverfolgung der Beherrschten möglich ist. Man stelle sich eine größere Anzahl von Menschen vor, die von einer Gruppe von bewaffneten Desperados beherrscht wird. Die Beherrschten haben keine Rechte. Innerhalb der Gruppe der Bewaffneten ist jede Gewaltausübung erlaubt. Außer dieser Erlaubnisnorm gilt keine generelle Norm.[41] Die Bewaffneten erteilen den Beherrschten teils widersprüchliche, stets wechselnde und teils unerfüllbare Einzelbefehle. Wenn die Beherrschten einen Befehl befolgen, dann ausschließlich aus Angst vor Gewalt. Eine solche Ordnung ist schon aus begrifflichen Gründen kein Rechtssystem.

---

[41] Kelsen würde hier nicht einmal von einer "Räuberbande" sprechen, weil unter den Desperados wegen des fehlenden Gewaltverbots keine Gemeinschaft und deshalb keine "Bande" (Kelsen 1960: 48) besteht.

Die sinnlose Ordnung wird zu einer *prädatorischen* oder räuberischen, wenn die Desperados sich zu organisierten Banditen entwickeln. Das setzt mindestens voraus, daß unter den Bewaffneten ein Gewaltverbot und eine Befehlshierarchie eingeführt wird. Man nehme ferner an, daß für die Beherrschten ein Regelsystem erlassen wird, das den einzigen Zweck hat, dafür zu sorgen, daß sie auf Dauer geeignete Objekte der Ausbeutung bleiben. Um ein extremes Beispiel zu wählen: Eine der Haupteinnahmequellen der Banditen besteht darin, daß sie regelmäßig Beherrschte töten, um deren Organe zu verkaufen. Um für diesen Zweck über möglichst gesunde Opfer zu verfügen, verbieten sie den Beherrschten das Rauchen, das Trinken und jede Gewalttätigkeit. Rechte gegenüber den Banditen begründen diese Regeln nicht. Der Zweck der Ausbeutung ist jedermann klar. Die Banditen geben sich nicht die geringste Mühe, ihn zu vertuschen. Man kann darüber streiten, ob das unter den Banditen geltende Normensystem ein Rechtssystem ist, das Gesamtsystem ist es jedenfalls schon aus begrifflichen Gründen nicht.[42] Um dies zu begründen, sei nunmehr eine dritte Ordnung betrachtet.

---

[42] Das Banditensystem ist ein Fall, in dem das Räuberbandenargument des Augustinus zum Absprechen der Rechtsqualität führt. Vgl. ders. 1979: 222: "Remota itaque iustitia quid sunt regna nisi magna latrocinia? quia et latrocinia quid sunt nisi parva regna?"

Auf lange Sicht erweist sich die prädatorische Ordnung nicht als zweckmäßig. Die Banditen bemühen sich daher um eine Legitimation. Sie entwickeln sich zu Herrschern und damit die prädatorische zu einer *Herrscherordnung*. An der Ausbeutung der Beherrschten halten sie fest. Die Akte der Ausbeutung erfolgen aber im Wege einer regelgeleiteten Praxis. Es wird jedermann gegenüber behauptet, daß diese Praxis richtig sei, weil sie einem höheren Zweck, etwa dem der Entwicklung des Volkes diene. Tötungen und Beraubungen einzelner Beherrschter, die der Sache nach allein dem Interesse der Herrscher an Ausbeutung dienen, bleiben jederzeit möglich. Sie werden aber bestraft, wenn sie nicht in einer bestimmten Form, etwa aufgrund des übereinstimmenden Beschlusses von drei Mitgliedern der Gruppe der Herrscher, durchgeführt und nicht durch den Zweck der Entwicklung des Volkes öffentlich gerechtfertigt werden.

Mit diesem Entwicklungsschritt wird eine Schwelle überschritten. Das System ist ohne Zweifel äußerst ungerecht. Dennoch ist es nicht mehr begrifflich ausgeschlossen, es als "Rechtssystem" zu bezeichnen. Damit stellt sich die Frage, worin der Unterschied des Herrschersystems zum Desperado- und zum Banditensystem besteht. Dieser Unterschied besteht nicht darin, daß irgendwelche allgemeinen Regeln gelten. Das ist schon im Banditensystem der Fall. Er besteht auch nicht darin, daß das Herrschersystem für alle, wenn auch nur auf der minimalen Ebene des Schutzes von Leben, Freiheit und Eigentum, gleichermaßen von Vorteil ist, denn Tötungen und Beraubungen der Beherrschten bleiben auch in ihm jederzeit möglich. Der entscheidende Punkt ist vielmehr, daß in der Praxis des Herrschersystems ein *Anspruch auf Richtigkeit* verankert und gegenüber jedermann erhoben wird. Der Anspruch auf Richtigkeit ist ein notwendiges Element des Begriffs des Rechts. Diese These soll als "Richtigkeitsargument" bezeichnet und im nächsten Abschnitt begründet werden. Hier sei unter Vorgriff auf diese Begründung festgestellt, daß Normensysteme, die weder explizit noch implizit einen Anspruch auf Richtigkeit erheben, keine Rechtssysteme sind. Jedes Rechtssystem erhebt einen Anspruch auf Richtigkeit.[43] Insofern hat der Anspruch auf Richtigkeit eine klassifizierende Bedeutung. Ein Beobachter kann ein Normensystem, das weder explizit noch implizit irgendeinen Anspruch auf Richtigkeit erhebt, allenfalls in einem indirekten oder übertragenen Sinne als "Rechtssystem" bezeichnen.

Letzteres hat wenig praktische Konsequenzen. Tatsächlich existierende Normensysteme erhe-

---

[43] Dieser Satz bildet den Ausgangspunkt einer rationalen Rekonstruktion des etwas dunklen Radbruchschen Satzes: "Recht ist die Wirklichkeit, die den Sinn hat, dem Rechtswerte, der Rechtsidee zu dienen" (Radbruch 1973a: 119).

ben regelmäßig einen Anspruch auf Richtigkeit, mag dieser auch noch so wenig gerechtfertigt sein. Die praktisch relevanten Probleme tauchen erst auf, wenn der Anspruch auf Richtigkeit zwar erhoben, aber nicht erfüllt wird. Bedeutsam sind jedoch die systematischen Konsequenzen des Anspruchs auf Richtigkeit. Er schränkt die positivistische Trennungsthese bereits in der Beobachterperspektive ein Stück weit ein. Sie gilt in dieser Perspektive zwar uneingeschränkt, wenn es um Einzelnormen geht. Bei Rechtssystemen stößt sie jedoch, wenn auch nur in extremen und tatsächlich unwahrscheinlichen Fällen, an eine Grenze, die durch den Anspruch auf Richtigkeit definiert wird. Dieser Anspruch rückt von der Grenze ins Zentrum, wenn es um die Teilnehmerperspektive geht. Damit stellt der Anspruch auf Richtigkeit eine Klammer zwischen den beiden Perspektiven dar.

4. *Die Teilnehmerperspektive*

Es hat sich gezeigt, daß die positivistische Trennungsthese von der Beobachterperspektive aus im wesentlichen richtig ist. Lediglich in dem extremen und tatsächlich unwahrscheinlichen Fall eines Normensystems, das nicht einmal einen Anspruch auf Richtigkeit erhebt, stößt sie an eine Grenze. Ein ganz anderes Bild ergibt sich, wenn man das Recht aus der Perspektive eines Teilnehmers, etwa eines Richters, betrachtet. Aus dieser Perspektive ist die Trennungsthese inadäquat und die Verbindungsthese richtig. Um das zu begründen, sollen drei Argumente betrachtet werden: das Richtigkeitsargument, das Unrechtsargument und das Prinzipienargument.

4.1. Das Richtigkeitsargument

Das Richtigkeitsargument bildet die Basis der beiden anderen Argumente, also des Unrechts- und des Prinzipienarguments. Es sagt, daß sowohl einzelne Rechtsnormen und einzelne rechtliche Entscheidungen als auch Rechtssysteme im ganzen notwendig einen Anspruch auf Richtigkeit erheben. Normensysteme, die diesen Anspruch nicht explizit oder implizit erheben, sind keine Rechtssysteme. Insofern hat der Anspruch auf Richtigkeit eine klassifizierende Bedeutung. Rechtssysteme, die diesen Anspruch zwar erheben, ihn aber nicht erfüllen, sind rechtlich fehlerhafte Rechtssysteme. In dieser Hinsicht hat der Anspruch auf Richtigkeit eine qualifizierende Bedeutung. Eine ausschließlich qualifizierende Bedeutung kommt dem Anspruch auf Richtigkeit bei einzelnen Rechtsnormen und einzelnen rechtlichen Entscheidungen zu. Sie sind rechtlich fehlerhaft, wenn sie den Anspruch auf Richtigkeit nicht erheben oder nicht erfüllen.

Gegen das Richtigkeitsargument kann eingewandt werden, daß es nicht zutreffe, daß mit dem Recht notwendig ein Anspruch auf Richtigkeit verbunden ist. Um diesen Einwand zu entkräften, seien zwei Beispiele betrachtet. Im ersten geht es um den ersten Artikel einer neuen Verfassung für den Staat X, in dem die Minderheit die Mehrheit unterdrückt. Die Minderheit möchte die Vorteile der Unterdrückung der Mehrheit weiter genießen, aber auch ehrlich sein. Ihre verfassunggebende Versammlung beschließt daher als ersten Artikel der Verfassung folgenden Satz:

(1) X ist eine souveräne, föderale und ungerechte Republik.

Dieser Verfassungsartikel hat etwas Fehlerhaftes.[44] Die Frage lautet, worin der Fehler besteht.
Man könnte meinen, daß der Fehler lediglich darin liegt, daß dieser Artikel unzweckmäßig ist. Die Minderheit will den ungerechten Zustand aufrechterhalten. Die Chancen, dieses Ziel zu erreichen, sinken jedoch, wenn sie nicht wenigstens vorgibt, daß er gerecht sei. Ein solcher *technischer Fehler* liegt in der Tat vor. Er

---

[44] Zu einem ähnlichen Argument vgl. MacCormick 1986: 141.

erklärt aber noch nicht die Fehlerhaftigkeit dieses Artikels. Man nehme an, der neue Artikel schaffe mit der Republikklausel eine vorher bestehende Monarchie ab. Ferner sei angenommen, daß die unterdrückte Mehrheit den früheren Monarchen tief verehrt, weshalb der derzeitige Zustand durch die Einführung der Republik ebenso stark gefährdet wird wie durch die Kennzeichnung des Staates als "ungerecht". Dann würde, falls die Einführung der Ungerechtigkeitsklausel ausschließlich ein technischer Fehler wäre, der Verfassungsgeber mit der Republikklausel denselben Fehler begehen wie mit der Ungerechtigkeitsklausel. Das aber ist nicht der Fall. Die Ungerechtigkeitsklausel hat etwas Absurdes, die Republikklausel nicht.

Es muß also eine andere Erklärung für die Fehlerhaftigkeit des Artikels geben. Man könnte eine *moralische Fehlerhaftigkeit* annehmen. Eine solche liegt ohne weiteres vor, es ist jedoch leicht zu erkennen, daß auch dies noch keine vollständige Erklärung ist. Man nehme an, daß die Ungerechtigkeit darin besteht, daß den Angehörigen einer bestimmten Rasse bestimmte Rechte vorenthalten werden. Unter moralischen Gesichtspunkten würde es dann keinen Unterschied bedeuten, wenn die Ungerechtigkeitsklausel gestrichen und durch einen zweiten Artikel ersetzt werden würde, der den Angehörigen dieser Rasse diese Rechte vorenthält. Unter dem Gesichtspunkt der Fehlerhaftigkeit bliebe dennoch ein Unterschied bestehen.

Die Erklärung hierfür könnte darin liegen, daß gegen eine verbreitete, aber nicht notwendige Konvention über die Abfassung von Verfassungstexten verstoßen wurde, also ein *konventioneller Fehler* vorliegt. Ohne Zweifel wird gegen eine verbreitete Konvention verstoßen. Auch das ist für sich allein jedoch noch keine vollständige Erklärung. Die Regel, gegen die verstoßen wurde, ist mehr als eine bloße Konvention. Das ist daran zu erkennen, daß sie auch bei sich ändernden Umständen und Präferenzen nicht geändert werden kann. Sie ist vielmehr für die Praxis der Verfassungsgebung konstitutiv. Letzteres wird auch dadurch deutlich, daß ein Artikel wie:

(2) X ist ein gerechter Staat,

in einer Verfassung redundant ist.
Damit bleibt nur ein *begrifflicher Fehler*. Der Ausdruck "begrifflicher Fehler" wird hier in einem weiten Sinne verwendet, in dem er sich auch auf Verstöße gegen Regeln bezieht, die für Sprechakte, d. h. für sprachliche Äußerungen als Handlungen, konstitutiv sind. Mit dem Akt der Verfassungsgebung ist notwendig der Anspruch auf Richtigkeit verbunden, der in diesem Fall vor allem ein Anspruch auf Gerechtigkeit ist. Ein Verfassungsgeber begeht einen performativen Widerspruch, wenn der Inhalt seines verfassunggebenden Aktes diesen Anspruch ne-

giert, obwohl er ihn mit dessen Vollzug erhebt.[45]

Im zweiten Beispiel verkündet ein Richter folgendes Urteil:

> (3) Der Angeklagte wird, was falsch ist, zu lebenslanger Freiheitsstrafe verurteilt.

Dieser Satz ist deutungsbedürftig. So kann der Richter sagen wollen, daß sein Urteil dem positiven Recht widerspricht. Er kann aber auch sagen wollen, daß es dem positiven Recht zwar entspricht, aber ungerecht ist. Diese und andere Deutungen führen zu zahlreichen Problemen, die hier nicht behandelt werden sollen. Es soll nur folgende Deutung interessieren:

> (4) Der Angeklagte wird, was eine falsche Interpretation des geltenden Rechts ist, zu lebenslanger Freiheitsstrafe verurteilt.

Der Richter fällt mit diesem Urteil ohne Zweifel aus seiner sozialen Rolle, und er verletzt in wohl allen Rechtssystemen auch Regeln des positiven Rechts, die ihn verpflichten, das geltende Recht richtig zu interpretieren. Gegen soziale Regeln würde er aber auch verstoßen,

---

[45] Insofern besteht eine gewisse Analogie zu John Langshaw Austins berühmtem Beispiel: "The cat is on the mat but I do not believe it is" (J. L. Austin 1962: 48 ff.; ders. 1970: 63 ff.).

wenn er das Urteil unrasiert und in einer verdreckten Robe verkünden würde, und Regeln positiven Rechts würde das Urteil auch dann verletzen, wenn die Interpretation zwar falsch wäre, der Richter aber glauben und beanspruchen würde, daß sie richtig ist. Umgekehrt würde ein Fehler auch dann begangen werden, wenn der Richter irrtümlich annehmen würde, daß seine Interpretation falsch ist, und die Kundgabe dieses Irrtums im Urteil nicht gegen positives Recht verstieße. Das macht deutlich, daß das, was hier vorliegt, mehr ist als eine soziale oder rechtliche Regelwidrigkeit.[46] Der Richter begeht einen performativen Widerspruch und in diesem Sinne einen begrifflichen Fehler. Mit einem richterlichen Urteil wird stets der Anspruch erhoben, daß das Recht richtig angewandt wird, mag dieser Anspruch auch noch so wenig erfüllt werden. Diesem mit dem Vollzug des institutionellen Aktes der Verurteilung erhobenen Anspruch widerspricht der Inhalt des Urteils.

Die beiden Beispiele zeigen, daß die Teilnehmer an einem Rechtssystem auf den verschiedensten Ebenen notwendig einen Anspruch auf Richtigkeit erheben. Wenn und insoweit dieser Anspruch moralische Implikationen hat, ist damit

---

[46] Anderer Auffassung ist Neumann 1986: 68 f. Neumann bezieht sich dabei auf folgendes Beispiel: "Im Namen des Volkes, Herr N. wird, obwohl hierfür keine guten Gründe sprechen, zu zehn Jahren Freiheitsentzug verurteilt."

ein begrifflich notwendiger Zusammenhang zwischen Recht und Moral dargetan.

Damit ist freilich die Verbindungsthese noch nicht bewiesen. Ein Positivist kann dem Richtigkeitsargument zustimmen und dennoch auf der Trennungsthese beharren. Dazu stehen ihm zwei Strategien zur Verfügung. Er kann erstens geltend machen, daß die Nichterfüllung des Anspruchs auf Richtigkeit noch nicht zum Verlust der Rechtsqualität führe. Der Anspruch auf Richtigkeit begründe, vom Grenzfall des Normensystems abgesehen, das ihn in keiner Hinsicht erhebe, allenfalls einen qualifizierenden, nicht aber einen klassifizierenden Zusammenhang. Die Trennungsthese werde deshalb durch das Richtigkeitsargument, von dem erwähnten Grenzfall abgesehen, jedenfalls insofern nicht getroffen, als sie auf einen klassifizierenden Zusammenhang abstelle. Die zweite Strategie wird gewählt, wenn behauptet wird, daß der Anspruch auf Richtigkeit einen trivialen Inhalt habe, der keine moralischen Implikationen einschließe, weshalb er nicht zu einem begrifflich notwendigen Zusammenhang von Recht und Moral führen könne. Der erste Einwand führt zum Unrechts-, der zweite zum Prinzipienargument.

4.2. Das Unrechtsargument

Das Unrechtsargument kann wiederum auf einzelne Normen oder auf Rechtssysteme als Ganze bezogen werden. Es soll zunächst im Hinblick auf einzelne Normen betrachtet werden.

4.2.1. Einzelne Normen

In dieser Version sagt es, daß einzelne Normen eines Rechtssystems bei Überschreiten einer bestimmten Schwelle des Unrechts oder der Ungerechtigkeit den Rechtscharakter verlieren. Seine bekannteste Variante ist die Radbruchsche Formel, deren Haltbarkeit vom Standpunkt eines Beobachters aus bereits erörtert und verneint wurde. Die Frage soll nunmehr lauten, ob das Unrechtsargument in Gestalt der Radbruchschen Formel vom Standpunkt eines Teilnehmers aus akzeptabel ist. Dabei sei hervorgehoben, daß die Radbruchsche Formel nicht sagt, daß eine Norm schon dann ihren Rechtscharakter verliert, wenn sie ungerecht ist. Die Schwelle wird höher angesetzt. Der Rechtscharakter soll erst dann verlorengehen, wenn die Ungerechtigkeit ein "unerträgliches Maß" erreicht. Als Beispiel kann wieder die 11. Verordnung zum Reichsbürgergesetz dienen.
Es herrscht heute weitgehend Einigkeit darüber, daß der Streit um die Radbruchsche Formel nicht allein aufgrund von analytischen oder begrifflichen Argumenten entschieden werden kann. Es geht um eine zweckmäßige oder adäquate Begriffsbildung, die mit normativen

Argumenten zu rechtfertigen ist.[47] Dabei ist allerdings das Richtigkeitsargument zu berücksichtigen. Die normativen Argumente für und gegen das Unrechtsargument sind in seinem Lichte zu beurteilen. Wenn oben gesagt wurde, daß es die Basis auch des Unrechtsarguments bildet, so ist das in genau diesem Sinne gemeint.

Die vielfältigen Stellungnahmen im Streit um die Radbruchsche Formel lassen sich im wesentlichen zu acht Argumenten zusammenfassen: dem Sprach-, dem Klarheits-, dem Effektivitäts-, dem Rechtssicherheits-, dem Relativismus-, dem Demokratie-, dem Unnötigkeits- und dem Redlichkeitsargument.

4.2.1.1. Das Sprachargument

Ein zwingendes sprachlich-begriffliches Argument läßt sich angesichts der Mehrdeutigkeit und Vagheit des Ausdrucks "Recht" weder für noch gegen das Unrechtsargument anführen. Es kann aber die normative These vertreten werden, daß der vom Unrechtsargument geforderte Einschluß moralischer Elemente in den Rechtsbegriff zu einer unzweckmäßigen sprachlichen Festsetzung führe. So hat Hoerster dem Nichtpositivisten, also etwa dem, der die 11. Verordnung nicht als Recht einstufen will, vorgehalten, daß er versäume "zu sagen, welches gebräuchli-

---

[47] Vgl. oben 39 ff.

che Wort unserer Sprache den von ihm moralisch aufgeladenen Rechtsbegriff in seiner wertneutralen Funktion ersetzen könnte"[48]. Der Nichtpositivist verliere die Möglichkeit, eine Norm wie die 11. Verordnung auf eine allgemein verständliche Weise generell zu kennzeichnen. Das könne ohne Probleme nur dadurch geschehen, daß sie als "Recht" bezeichnet werde.

Oben ist bemerkt worden, daß dieses Argument vom Standpunkt eines Beobachters aus triftig ist.[49] Die Sache ändert sich jedoch, wenn man die Teilnehmerperspektive einnimmt. Dies kann mit Hilfe der Dichotomie zwischen Norm und Prozedur gezeigt werden. Der Beobachter sieht die 11. Verordnung als das *Ergebnis* einer Normerzeugungsprozedur, an der andere Personen teilgenommen haben. Ebenso ist ein auf ihr beruhendes Urteil für ihn das Ergebnis einer Prozedur, nämlich einer Normanwendungsprozedur, an der er nicht teilgenommen hat. Stimmen Norm und Urteil überein, gibt es für ihn keinen Grund, nicht beides als "Recht" zu bezeichnen. Stimmt beides nicht überein, steht er vor der Frage, ob er einen Widerspruch beschreiben oder derogierendes Richterrecht feststellen soll. Aus der Teilnehmerperspektive ergibt sich ein anderes Bild. Zwar ist die 11. Verordnung auch für den Teilnehmer, etwa für

---

[48] Hoerster 1987: 187; ders. 1990: 27.
[49] Vgl. oben 56.

den Richter, zunächst das Ergebnis einer Normerzeugungsprozedur. Das ist sie für ihn aber nur, um eine zweite Eigenschaft zu haben. Diese besteht darin, daß sie der *Ausgangspunkt* einer Normanwendungsprozedur ist, an der er teilnimmt und deren Ergebnis mit dem Anspruch auf Richtigkeit auftritt.

Es geht an dieser Stelle noch nicht um substantielle Argumente, sondern nur um die zweckmäßige Verwendung des Ausdrucks "Recht". Das sprachliche Argument darf deshalb substantielle Argumente nicht präjudizieren, was bedeutet, daß es mit unterschiedlichen substantiellen Thesen vereinbar sein muß. Man nehme die substantielle These, daß es gute rechtliche Gründe dafür gibt, daß der Richter die 11. Verordnung nicht anwendet, sondern ein Urteil fällt, das ihrem Wortlaut widerspricht. Unter dieser Voraussetzung wäre es nicht adäquat, wenn der Richter sagen würde, die 11. Verordnung sei Recht. Da er aus rechtlichen Gründen entscheidet, muß er auch sein Urteil als "Recht" bezeichnen. Da dieses der 11. Verordnung widerspricht, würde die Einstufung dieser Verordnung als "Recht" zur Folge haben, daß er einander widersprechende Normen, nämlich die durch die Verordnung statuierte generelle und die durch das Urteil ausgedrückte individuelle Norm, als "Recht" bezeichnen müßte. Dieser Widerspruch kann ohne Probleme aufgelöst werden, wenn der Richter sagt, die 11. Verordnung sei zwar prima facie Recht, im Ergebnis aber kein Recht. Damit wird ausgedrückt, daß ihr im Laufe der Anwendungsprozedur der Rechtscharakter abgesprochen wird. Wenn es gute rechtliche Gründe dafür gibt, die 11. Verordnung nicht anzuwenden, kann der Richter nicht nur sagen, daß sie im Ergebnis kein Recht ist, er muß dies auch tun, um einen Widerspruch zu vermeiden. Das Hoerstersche Sprachargument träfe deshalb nur dann zu, wenn es niemals gute rechtliche Gründe dafür geben könnte, gegen den Wortlaut eines extrem ungerechten Gesetzes zu entscheiden. Wenn es in irgendeinem Fall solche Gründe geben kann, ist das Hoerstersche Sprachargument von der Teilnehmerperspektive aus falsch. Ob es niemals gute rechtliche Gründe der genannten Art geben kann, aber ist eine substantielle Frage, die sich nicht aufgrund einer Überlegung über den zweckmäßigen Sprachgebrauch entscheiden läßt. Das bedeutet, daß das Hoerstersche Sprachargument keinen Einwand gegen den Einschluß moralischer Elemente in den von der Teilnehmerperspektive aus adäquaten Rechtsbegriff begründen kann. Im Gegenteil, wenn substantielle Gründe für einen solchen Einschluß sprechen, hat der Sprachgebrauch dem zu folgen.

4.2.1.2. Das Klarheitsargument

Das zweite Argument im Streit um die Radbruchsche Formel ist das Klarheitsargument. Es hat eine klassische Formulierung bei Hart gefunden:

"Denn wenn wir uns Radbruchs Ansicht anschließen und mit ihm und den deutschen Gerichten unseren Protest gegen verwerfliche Gesetze in die Behauptung kleiden, daß gewisse Normen wegen ihrer moralischen Unhaltbarkeit nicht Recht sein können, so bringen wir Verwirrung in eine der stärksten, weil einfachsten Formen moralischer Kritik. Wenn wir uns die deutliche Sprache der Utilitaristen zu eigen machen, sagen wir, daß positive Gesetze Recht sein mögen, aber zu verwerfliches Recht, um Gehorsam zu verdienen. Das ist eine moralische Verurteilung, die jeder versteht und die unmittelbar und unübersehbar moralische Beachtung beansprucht. Machen wir aber unseren Protest in der Form geltend, diese verwerflichen Dinge seien kein Recht, so behaupten wir etwas, das viele Leute nicht glauben und das — wenn sie überhaupt bereit sind, darüber nachzudenken — eine ganze Fülle philosophischer Streitfragen auf den Plan rufen dürfte, bevor man es akzeptieren kann ... Wenn uns die reichen Mittel klarer Sprache zur Verfügung stehen, dürfen wir die moralische Kritik an Normen nicht als Thesen einer anfechtbaren Philosophie darbieten."[50]

Diesem Einwand kann auf den ersten Blick eine

---

[50] Hart 1971: 45 f.; ähnlich Hoerster 1987: 187 f.; ders. 1986: 2481 f.

gewisse Berechtigung nicht abgesprochen werden. Ein positivistischer Rechtsbegriff, der auf jeden Einschluß moralischer Elemente verzichtet, ist einfacher und jedenfalls insofern klarer als ein Rechtsbegriff, der moralische Elemente enthält. Andererseits ist jedoch zu berücksichtigen, daß Klarheit im Sinne von Einfachheit nicht das einzige Ziel einer Begriffsbildung ist. Die Einfachheit darf nicht auf Kosten der Adäquatheit gehen.[51] Zudem kann auch ein komplexer Begriff klar sein. Es ist kaum zu befürchten, daß Juristen durch den Einschluß moralischer Elemente in den Rechtsbegriff verwirrt werden.[52] Sie sind den Umgang mit komplizierten Begriffen gewohnt. Was den Bürger betrifft, so entsteht Unklarheit nicht in erster Linie dadurch, daß überhaupt moralische Elemente in den Rechtsbegriff eingeschlossen werden. Ihn kann auch die Mitteilung verwirren, daß selbst extremes Unrecht Recht ist. Unklarheit wird vielmehr dadurch hervorgerufen, daß die Grenzlinie zwischen extrem ungerechten Normen und nicht extrem ungerechten Normen in vielen Fällen nicht leicht zu ziehen ist. Das ist jedoch kein Problem des Klarheits-, sondern eines des Rechtssicherheitsarguments. Bei dem Klarheitsargument geht es nur darum, ob überhaupt moralische Elemente in den Rechtsbegriff einzuschließen sind.

---

[51] Vgl. Ott 1988: 343.
[52] Ebd. 349 f.

Letzteres besagt, daß das von Hart und Hoerster vorgebrachte Klarheitsargument nicht auf begriffliche Unbestimmtheiten allgemeiner Art zielt. Es geht vielmehr darum, wie ein Konflikt zwischen Recht und Moral begrifflich zu erfassen ist. Hart und Hoerster möchten auch im Falle extremer Ungerechtigkeit den Konflikt nicht auflösen. Was das Recht verlange, sei eine Sache, was die Moral fordere, eine andere. Die Moral könne gestatten oder verlangen, daß der Jurist als Mensch und Bürger dem Recht den Gehorsam verweigere. Dasjenige, dem der Gehorsam verweigert werde, bleibe aber das Recht. Jede andere Darstellung soll "die wahre Natur der uns gestellten Probleme" bemänteln.[53] Der Positivist könne die mit gesetzlichem Unrecht verbundenen Fragen "unverschleiert als das, was sie sind, nämlich Fragen der Ethik", erörtern. Der Nichtpositivist laufe demgegenüber "Gefahr, ihren ethischen Charakter zu verdecken, indem er sie durch Definition in den Rechtsbegriff" verlagere.[54]

Trifft dieser Einwand der Bemäntelung, der Verschleierung und der Verdeckung des Problems zu? Die Antwort lautet: nein. Der Nichtpositivist leugnet den ethischen Charakter des Problems nicht. Er behauptet lediglich, daß das ethische Problem im Falle extremen Unrechts zugleich ein rechtliches ist. Das hat zur Folge,

---

[53] Hart 1971: 44.
[54] Hoerster 1987: 187.

daß er aus seinem moralischen Urteil rechtliche Konsequenzen zieht. Seine Argumentation kann inhaltlich mit der des Positivisten übereinstimmen, und er hat wie dieser seine Argumente offenzulegen und zur Diskussion zu stellen. Daß er im Falle extremen Unrechts nicht auf dem Standpunkt der Moral verharrt, sondern von diesem zum Standpunkt des Rechts übergeht, ist keine Verschleierung des Problems, sondern Ausdruck einer inhaltlichen These. Diese kann nicht mit dem formellen Argument der Klarheit, sondern nur mit substantiellen Argumenten angegriffen werden.

Es bleibt der Einwand einer "anfechtbaren Philosophie", die "eine ganze Fülle philosophischer Streitfragen auf den Plan rufen dürfte"[55] und so zu Unklarheit und Verwirrung führen könnte. Dieser Einwand kann jedoch auch dem Positivismus entgegengehalten werden. Auch er bringt eine bestimmte Rechtsphilosophie zum Ausdruck, über die man streiten kann. In diesem Streit stehen sich der Positivismus und der Nichtpositivismus grundsätzlich gleichberechtigt gegenüber. Daß der Positivismus nicht so etwas wie eine Vermutung der Richtigkeit für sich beanspruchen kann, zeigt der notwendig mit dem Recht verbundene Anspruch auf Richtigkeit, der eher für den Nichtpositivismus spricht. Auch das Klarheitsargument vermag den Nichtpositivisten deshalb nicht zu schlagen.

---

[55] Hart 1971: 46.

4.2.1.3. Das Effektivitätsargument

Radbruch war vor der Zeit des Nationalsozialismus Positivist.[56] Nach 1945 hat er seine Auffassung geändert und die Meinung vertreten, der Rechtspositivismus habe "die Juristen wie das Volk wehrlos gemacht gegen noch so willkürliche, noch so grausame, noch so verbrecherische Gesetze"[57]. Der nun von ihm geforderte Einschluß moralischer Elemente in den Rechtsbegriff soll die Juristen "gegen die Wiederkehr eines solchen Unrechtstaats ... wappnen"[58]. Hart hat hiergegen eingewandt, daß es naiv sei anzunehmen, eine nichtpositivistische Definition des Rechts könne irgend etwas gegen gesetzliches Unrecht bewirken.[59] Hoerster hat dieses auf die Effektivität des nichtpositivistischen Rechtsbegriffs bezogene Argument präzisiert. Nach ihm beruhen die Erwartungen, die Radbruch mit dem nichtpositivistischen Rechtsbegriff verknüpft, auf einer "gewaltigen Überschätzung"[60] der Wirkungen, die der Rechtstheoretiker oder der Rechtsphilosoph auf das Verhalten der Bürger und der Juristen hat:

"Denn man kann durch die bloße Definition eines Begriffes nicht die Wirklichkeit ändern. Ein mora-

---

[56] Radbruch 1973a: 174 ff.
[57] Ders. 1973b: 327.
[58] Ders. 1973c: 347.
[59] Vgl. Hart 1971: 42; ders. 1961: 205.
[60] Hoerster 1987: 185.

lisch fragwürdiges, aber im Rahmen der geltenden Rechtsordnung erlassenes Gesetz besitzt nun einmal — ob der Rechtsphilosoph es als 'gültiges Recht' bezeichnet oder nicht — von seiner Unmoral abgesehen sämtliche Eigenschaften, die auch ein moralisch einwandfreies Gesetz besitzt: Es ist im Einklang mit der geltenden Verfassung zustandegekommen. Es wird vom Rechtsstab angewendet und durchgesetzt. Und wer ihm (etwa wegen seiner Unmoral) den Gehorsam verweigert, muß mit den üblichen Konsequenzen einer Rechtsverletzung rechnen. All diese Fakten lassen sich auch dadurch, daß man sich für die antipositivistische, moralbehaftete Definition des Rechtsbegriffs entscheidet, nicht aus der Welt schaffen."[61]

Die These, daß ein nichtpositivistischer Rechtsbegriff nichts gegen gesetzliches Unrecht bewirke, kann zu der Behauptung zugespitzt werden, daß er die Bekämpfung gesetzlichen Unrechts nicht nur nicht fördere, sondern sogar erschwere. Der Positivismus begünstige mit seiner strikten Trennung von rechtlichen und moralischen Pflichten eine kritische Haltung gegenüber dem Recht. Demgegenüber laufe derjenige, der mit dem Einschluß moralischer Elemente in den Rechtsbegriff beginne, Gefahr, rechtliche Forderungen unkritisch mit moralischen zu identifizieren. So lehnt Kelsen die These, "daß nur eine

---

[61] Ebd. 186.

moralische Gesellschaftsordnung Recht ist", auch deshalb ab,

"weil sie in ihrer tatsächlichen Anwendung durch die in einer bestimmten Rechtsgemeinschaft herrschenden Jurisprudenz auf eine unkritische Legitimierung der diese Gemeinschaft konstituierenden staatlichen Zwangsordnung hinausläuft"[62].

Es sind im Rahmen des Effektivitätsarguments also zwei Thesen zu unterscheiden. Die erste sagt, daß ein nichtpositivistischer Rechtsbegriff keine Wirkung gegen gesetzliches Unrecht entfalten könne. Die zweite lautet, daß ein nichtpositivistischer Rechtsbegriff die Gefahr berge, gesetzliches Unrecht unkritisch zu legitimieren. Die zweite These geht weiter. Sie sei zuerst betrachtet.

Die Gefahr einer unkritischen Legitimation bestünde in der Tat, wenn die nichtpositivistische Verbindungsthese sagen würde, daß eine Norm nur dann eine Rechtsnorm sei, wenn ihr Inhalt der Moral entspreche. Es ist diese Variante der Verbindungsthese, die Kelsen und Hoerster vor Augen haben, wenn sie den Einwand der unkritischen Legitimation formulieren. So spricht Kelsen von der "These, daß das Recht seinem Wesen nach moralisch ist"[63], und nach Hoerster lautet die Verbindungsthese: "Eine

---

[62] Kelsen 1960: 71; zustimmend Hoerster 1990: 32; vgl. ferner H. Dreier 1991: 133.
[63] Kelsen 1960: 71.

Norm ist nur dann legal, wenn sie moralisch ist", was mit dem Satz: "Wenn eine Norm legal ist, ist sie moralisch", logisch äquivalent ist.[64] Wenn man von dieser Version der Verbindungsthese ausgeht, die als "stark" bezeichnet werden kann, muß jeder Jurist, der eine Norm als Rechtsnorm identifiziert, diese zugleich als moralisch gerechtfertigt einstufen. Das würde in der Tat die Gefahr einer unkritischen Legitimation des Rechts bergen.

Der Einwand der unkritischen Legitimation verkennt jedoch, daß ein Nichtpositivist nicht die starke Verbindungsthese vertreten muß, die das Postulat einer inhaltlichen Übereinstimmung jeder Rechtsnorm mit der Moral enthält. Die Radbruchsche Formel sagt ausdrücklich, "daß das positive, durch Satzung und Macht gesicherte Recht auch dann den Vorrang hat, wenn es inhaltlich ungerecht und unzweckmäßig ist"[65]. Der Rechtscharakter geht nach ihr erst dann verloren, wenn der Widerspruch zwischen Recht und Moral ein "unerträgliches", also ein extremes Maß erreicht. Das kann als "schwache Verbindungsthese" bezeichnet werden.

Die schwache Verbindungsthese führt nicht zu einer Identifikation des Rechts mit der Moral. Nach ihr können auch ungerechte und deshalb unmoralische Normen Recht sein. Damit läßt sie

---

[64] Hoerster 1990: 32.
[65] Radbruch 1973c: 345.

wie der Rechtspositivismus eine moralische Kritik des Rechts zu und ermöglicht insofern wie dieser eine kritische Haltung. Der Unterschied besteht allein darin, daß von einer bestimmten Schwelle an der Rechtscharakter verlorengeht. Nun könnte man meinen, daß bereits dies für eine unkritische Legitimation ausreiche. Juristen würden dazu neigen, zu sagen, daß diese Schwelle nicht überschritten sei und daß ihr Rechtssystem deshalb wenigstens eine minimale moralische Legitimation besitze. Dem ist jedoch der Charakter der Schwelle entgegenzuhalten. Es geht um extreme Ungerechtigkeiten. Eine exemplarische Formulierung findet sich im Staatsangehörigkeitsbeschluß:

"Der Versuch, nach 'rassischen' Kriterien bestimmte Teile der eigenen Bevölkerung mit Einschluß der Frauen und Kinder physisch und materiell zu vernichten, hat mit Recht und Gerechtigkeit nichts gemein."[66]

Wenn irgendwelche moralischen Urteile mit dem Anspruch auf intersubjektive Verbindlichkeit begründbar sind, dann sicher auch solche, die zum Ausdruck bringen, daß die Verfolgung derartiger Ziele extrem unmoralisch und ungerecht ist. Die Schwelle, von der an Normen den Rechtscharakter verlieren, wird durch minimale moralische Anforderungen markiert. Das ele-

---

[66] BVerfGE 23, 98 (106).

mentare Menschenrecht auf Leben und körperliche Unversehrtheit ist ein Beispiel. Es sei behauptet, daß jedenfalls derartige moralische Forderungen einer rationalen Begründung fähig sind.[67] Wenn diese Behauptung zutrifft, dann ist so etwas wie eine "unkritische Legitimierung" von Normen, die oberhalb der Schwelle extremer Ungerechtigkeit liegen, kaum zu befürchten. Sie würde zumindest einige Schwierigkeiten bereiten. Das dürfte ein Grund dafür sein, daß barbarische Unrechtsakte häufig nicht in ordnungsgemäßen rechtlichen Formen, sondern aufgrund mehr oder weniger geheimer Befehle vollzogen werden.[68]

Es ist somit ein doppeltes Ergebnis festzuhalten. Die schwache Verbindungsthese, die etwa in der Radbruchschen Formel Ausdruck findet, begründet erstens unterhalb der Schwelle extremer Ungerechtigkeit nicht die Gefahr einer unkritischen Legitimation, weil hier ein Widerspruch zwischen Recht und Moral nicht den Rechtscharakter beseitigt. Zweitens besteht oberhalb dieser Schwelle jedenfalls dann keine Gefahr einer unkritischen Legitimation, wenn die minimalen moralischen Anforderungen, die die Schwelle markieren, einer rationalen Begründung fähig sind. Im übrigen sei bemerkt, daß eine unkritische Legitimation des jeweils geltenden Rechts auch vom positivistischen

---

[67] Vgl. Alexy: 1991b.
[68] Vgl. hierzu Ott 1991: 519 ff.

Standpunkt der strikten Trennung von Recht und Moral aus möglich ist, denn auch auf der Grundlage einer begrifflichen Trennung kann eine inhaltliche Übereinstimmung behauptet werden.

Der zweite Einwand, der im Rahmen des Effektivitätsarguments gegen den nichtpositivistischen Rechtsbegriff geltend gemacht wird, lautet, daß ein solcher Rechtsbegriff keine Wirkung gegen gesetzliches Unrecht entfalten könne. Der Einwand der Wirkungslosigkeit ist ein gutes Stück weit berechtigt. Es ist Hart und Hoerster einzuräumen, daß rechtstheoretische oder rechtsphilosophische Definitionen des Rechtsbegriffs als solche die Wirklichkeit nicht ändern können. Für einen Richter in einem Unrechtsstaat bedeutet es keinen wesentlichen Unterschied, ob er sich auf Hart beruft und aus *moralischen* Gründen die Anwendung eines extrem ungerechten Gesetzes verweigert oder ob er dies mit Radbruch unter Berufung auf *rechtliche* Gründe tut.[69] In beiden Fällen hat er mit persönlichen Opfern zu rechnen, und die Bereitschaft, diese auf sich zu nehmen, hängt von anderen Faktoren ab als von der Definition des Rechtsbegriffs.

Dennoch bestehen unter dem Gesichtspunkt der Effektivität Unterschiede. Ein erster wird deutlich, wenn man nicht auf den einzelnen Richter, der gesetzliches Unrecht an seinem Gewissen

---

[69] Vgl. ders. 1988: 346.

mißt, abstellt, sondern auf die Rechtspraxis.[70] Wenn in der Rechtspraxis ein Konsens darüber besteht, daß die Erfüllung bestimmter minimaler Anforderungen der Gerechtigkeit eine notwendige Voraussetzung für den Rechtscharakter staatlicher Anordnungen ist, steht eine in der Rechtspraxis verankerte juristische und nicht nur eine moralische Argumentation dafür zur Verfügung, den Akten eines Unrechtsregimes Widerstand zu leisten. Man darf sich hinsichtlich der Erfolgsaussichten eines solchen Widerstandes allerdings keine Illusionen machen. Ein einigermaßen erfolgreiches Unrechtsregime ist in der Lage, den Konsens der Rechtspraxis durch individuelle Einschüchterung, personelle Veränderungen und die Belohnung von Anpassungsbereitschaft schnell zu zerstören. Immerhin aber ist denkbar, daß dies einem schwächeren Unrechtsregime, insbesondere in seiner Anfangsphase, nicht gelingt. Das ist ein relativ begrenzter Effekt, aber es ist ein Effekt. Wichtig ist, daß auch dann, wenn die Annahme dieses relativ begrenzten Effekts sich als Irrtum erweisen sollte, kein schlagender Einwand gegen den nichtpositivistischen Rechtsbegriff entstünde. Der Nichtpositivist ist zur Verteidigung seiner Position nicht darauf angewiesen, zu zeigen, daß sein Rechtsbegriff in einem Unrechtsstaat eine bessere Garantie gegen gesetzliches Unrecht schafft als der positivistische. Es

---

[70] Ebd. 347.

reicht aus, daß gesetzliches Unrecht auf seiner Grundlage nicht weniger effektiv bekämpft werden kann als auf der Basis eines positivistischen Rechtsbegriffs. Das aber kann als sicher gelten. Warum soll gesetzliches Unrecht weniger effektiv bekämpft werden können, wenn es nicht als Recht angesehen wird, als wenn es als Recht angesehen wird?

Wenn ein Unrechtsstaat erst einmal erfolgreich etabliert ist, können Rechtsbegriffe nicht mehr viel bewirken. Erst nach dem Zusammenbruch eines solchen Staates zeigen sich wesentliche Unterschiede. Immerhin gibt es aber einen leisen, nicht unwichtigen Effekt des nichtpositivistischen Rechtsbegriffs, der sich auch im erfolgreich etablierten Unrechtsstaat gegen gesetzliches Unrecht auswirken kann. Er kann als "Risikoeffekt" bezeichnet werden. Für einen Richter oder einen sonstigen Amtswalter im Unrechtsstaat stellt sich die eigene Situation unterschiedlich dar, je nachdem, ob er Anlaß hat, sie im Lichte eines positivistischen oder eines nichtpositivistischen Rechtsbegriffs zu interpretieren. Man nehme einen Richter, der vor der Frage steht, ob er ein terroristisches Strafurteil fällen sollte, das durch gesetzliches Unrecht gedeckt ist. Er ist weder ein Heiliger noch ein Held. Das Schicksal des Angeklagten interessiert ihn wenig, um so mehr aber sein eigenes. Er kann nach allen historischen Erfahrungen nicht ausschließen, daß der Unrechtsstaat zusammenbricht, und macht sich Gedanken darüber, was dann mit ihm geschehen könnte. Wenn er annehmen muß, daß ein nichtpositivistischer Rechtsbegriff überwiegend oder allgemein akzeptiert wird, nach dem die Norm, auf die er das Terrorurteil stützen kann, kein Recht ist, geht er ein relativ hohes Risiko ein, sich später nicht rechtfertigen zu können und deshalb belangt zu werden. Das Risiko sinkt, wenn er sicher sein kann, daß sein Verhalten später auf der Grundlage eines positivistischen Rechtsbegriffs beurteilt wird. Es schwindet zwar nicht ganz, weil ein rückwirkendes Gesetz erlassen werden kann, aufgrund dessen er zur Verantwortung gezogen werden könnte, doch es ist nicht gleich groß. Wegen der rechtsstaatlichen Probleme rückwirkender Gesetze ist es gut möglich, daß kein solches Gesetz ergeht, und wenn es ergeht, kann er sich immerhin damit zu verteidigen versuchen, auf der Grundlage ehemals geltenden Rechts gehandelt zu haben. Das macht deutlich, daß eine überwiegende oder allgemeine Akzeptanz eines nichtpositivistischen Rechtsbegriffs das Risiko derjenigen Personen erhöht, die in einem Unrechtsstaat gesetzlich gedeckte Unrechtstaten begehen oder an ihnen teilnehmen. Das kann dazu führen, daß auch für Personen, die an sich keinen Grund sehen, nicht am Unrecht mitzuwirken, oder die eine solche Mitwirkung an sich schätzen würden, ein Anreiz entsteht oder verstärkt wird, sich der Teilnahme am Unrecht zu entziehen oder dieses wenigstens abzumildern. Die überwiegende oder allgemeine Akzeptanz eines nichtpositivistischen Rechtsbegriffs kann auf diese Weise bereits in einem Unrechtsstaat positive Effekte haben. Insgesamt läßt sich deshalb sagen, daß unter dem Gesichtspunkt der Zurückdrängung gesetzlichen Unrechts die praktischen Auswirkungen des nichtpositivistischen Rechtsbegriffs jedenfalls nicht schlechter, in einigen Hinsichten sogar besser sind als die des positivistischen.

4.2.1.4. Das Rechtssicherheitsargument

Ein viertes Argument gegen den nichtpositivistischen Rechtsbegriff macht geltend, daß dieser die Rechtssicherheit gefährde. Dieses Argument trifft in der Tat diejenigen Varianten des Nichtpositivismus, die von einer starken Verbindungsthese ausgehen, also sagen, daß jede Ungerechtigkeit zum Verlust der Rechtsqualität führt. Wenn man dann noch jedem die Befugnis einräumt, unter Berufung auf sein Gerechtigkeitsurteil Gesetze nicht zu befolgen, erstarkt das Rechtssicherheitsargument zum Anarchismusargument. Das braucht jedoch nicht weiter verfolgt zu werden, denn kein ernstzunehmender Nichtpositivist vertritt derartige Ansichten. Hier geht es allein um die Frage, ob ein Rechtsbegriff, der nicht bei jeder, sondern erst bei extremer Ungerechtigkeit den Rechtscharakter entfallen läßt, die Rechtssicherheit gefährdet. Das ist zu verneinen.

Wenn es Gerechtigkeitsurteile gibt, die rational begründbar sind, dann kann von dem, der aufgrund einer rationalen Begründung einsieht, daß eine Handlung ungerecht ist, gesagt werden, daß er dies erkennt. Nun gilt folgender Satz: Je extremer die Ungerechtigkeit, desto sicherer ihre Erkenntnis. Dieser Satz verbindet den sachlichen Aspekt mit dem erkenntnistheoretischen. Er gibt eine Rechtfertigung dafür, daß das Bundesverfassungsgericht im Staatsangehörigkeitsbeschluß von der 11. Verordnung zum Reichsbürgergesetz nicht nur sagt, daß ihre Ungerechtigkeit ein "unerträgliches Maß" erreiche, sondern auch, daß dies "evident"[71] sei. Es kann zwar geltend gemacht werden, daß es Fälle geben kann, in denen sich nicht mit völliger Gewißheit sagen läßt, ob eine extreme Ungerechtigkeit vorliegt. Im Vergleich mit den Unsicherheiten, mit denen die Erkenntnis des Rechts ganz allgemein verbunden ist, fällt dies jedoch kaum ins Gewicht. Die nichtpositivistische Verbindungsthese führt deshalb allenfalls zu einem minimalen Verlust an Rechtssicherheit.

Bei der Beurteilung der Frage, ob diese minimale Einbuße an Rechtssicherheit hinnehmbar ist, ist zu berücksichtigen, daß die Rechtssicherheit zwar ein hoher, aber nicht der einzige Wert ist. Der Wert der Rechtssicherheit muß gegen den der materiellen Gerechtigkeit abgewogen wer-

---

[71] BVerfGE 23, 98 (106).

den.⁷² Die Radbruchsche Formel trifft eine Gewichtung, die grundsätzlich der Rechtssicherheit den Vorrang gibt und erst in extremen Fällen das Rangverhältnis umkehrt. Hiergegen kann nur derjenige etwas einwenden, der die Rechtssicherheit als ein absolutes Prinzip⁷³ betrachtet, was, wie jede Verfolgung eines absoluten Prinzips, etwas Fanatisches hat.

4.2.1.5. Das Relativismusargument

Das Relativismusargument spitzt das Rechtssicherheitsargument zu. Es sagt, daß nicht nur die Grenze zwischen extremer und nicht extremer Ungerechtigkeit schwer erkennbar sei, sondern daß alle Gerechtigkeitsurteile, also auch solche über eine extreme Ungerechtigkeit, keiner rationalen Begründung oder objektiven Erkenntnis fähig seien. Das ist die These des radikalen Relativismus. Wenn diese These zutrifft, dann bedeutet der Einschluß moralischer Elemente in den Rechtsbegriff nichts anderes, als daß dem Richter die Möglichkeit geboten wird, in Fällen, in denen seine subjektiven Präferenzen besonders intensiv betroffen sind, gegen das Gesetz zu entscheiden. Hoerster malt dies drastisch aus:

---

⁷² Radbruch 1973c: 344 f.
⁷³ Zum Begriff des absoluten Prinzips vgl. Alexy 1985: 94 ff.

"Es besteht keinerlei Garantie oder auch nur Wahrscheinlichkeit dafür, daß jene Moral, die der betreffende Richter oder Bürger in seinen Rechtsbegriff aufnimmt, tatsächlich eine 'aufgeklärte' Moral ist! ... Es spricht ... im allgemeinen nichts dafür, daß die moralischen Vorstellungen irgendeines bestimmten Individuums oder irgendeiner bestimmten Gesellschaft in irgendeinem Sinn aufgeklärter (etwa 'humaner' oder 'gerechter') sind als die positiven Rechtsnormen des entsprechenden Staates ... Es gibt eben nicht nur, wie die Gegner des Rechtspositivismus immer wieder suggerieren, den Richter oder Bürger, der, konfrontiert mit 'Nazigesetzen', lieber einer humanen Moral folgen möchte. Es gibt ebenso den Richter oder Bürger, der, konfrontiert mit 'demokratischen' Gesetzen (etwa denjenigen der Weimarer oder der Bonner Republik), lieber einer Nazimoral folgen möchte!"[74]

Das Relativismusargument macht explizit, was schon beim Effektivitäts- und beim Rechtssicherheitsargument als Voraussetzung sichtbar wurde: Der Nichtpositivismus setzt eine mindestens rudimentäre nichtrelativistische Ethik voraus. Nicht von ungefähr hat Radbruch vor 1933 seine positivistische Auffassung mit dem Relativismus, also mit der These, daß eine intersubjektiv zwingende Begründung moralischer Grundsätze nicht möglich ist, begründet:

---

[74] Hoerster 1986: 2482.

"Nun hat sich uns aber als unmöglich erwiesen, die Frage nach dem Zwecke des Rechts anders als durch die Aufzählung der mannigfaltigen Parteimeinungen darüber zu beantworten — und gerade nur aus dieser Unmöglichkeit eines Naturrechts kann die Geltung des positiven Rechts begründet werden; der Relativismus, bisher nur die Methode unserer Betrachtung, geht an dieser Stelle selbst als Bauglied in unser System ein."[75]

Nach 1945 entzieht Radbruch einen Grundbestand an Menschen- und Bürgerrechten der relativistischen Skepsis:

"Gewiß sind sie im Einzelnen von manchem Zweifel umgeben, aber die Arbeit der Jahrhunderte hat doch einen festen Bestand herausgearbeitet, und in den sogenannten Erklärungen der Menschen- und Bürgerrechte mit so weitreichender Übereinstimmung gesammelt, daß in Hinsicht auf manche von ihnen nur noch gewollte Skepsis den Zweifel aufrechterhalten kann."[76]

Der Hinweis auf die historische Erfahrung — "die Arbeit der Jahrhunderte" — und einen faktisch bestehenden "weitreichenden" Konsens sind noch keine Widerlegung des Relativismus, wenngleich der Hinweis auf diese Tatsachen für die nationale, die supranationale und die inter-

---

[75] Radbruch 1973a: 175.
[76] Radbruch 1973b: 328.

nationale Rechtspraxis einer solchen Widerlegung nahekommt. Ein Skeptiker kann einwenden, daß die Entwicklung der moralischen Anschauungen in den letzten Jahrhunderten oder Jahrtausenden ein Irrweg war und daß es möglich sei, daß sich alle oder fast alle in einem kollektiven Irrtum befinden. Um diesen skeptischen Einwand auszuräumen, ist zu zeigen, daß ein Satz wie:

(1) Die physische und materielle Vernichtung einer Minderheit der Bevölkerung aus rassischen Gründen ist extremes Unrecht,

einer rationalen Begründung fähig ist, während ein Satz wie:

(2) Die physische und materielle Vernichtung einer Minderheit der Bevölkerung aus rassischen Gründen ist kein extremes Unrecht,

rational widerlegt werden kann. Das Problem des Rechtspositivismus führt damit zu dem metaethischen Problem der Begründbarkeit moralischer Urteile. Dieses Problem kann hier nicht erörtert werden.[77] Es muß daher bei der Behauptung bleiben, daß jedenfalls ein Satz wie (1) einer rationalen Begründung und ein Satz wie (2) einer rationalen Widerlegung fähig ist. Wenn diese Behauptung zutrifft, ist der Relati-

---

[77] Vgl. hierzu Alexy 1991a: 53 ff.; ders. 1991b.

vismuseinwand entkräftet. Sollte diese Behauptung nicht zutreffen, könnte gegenüber dem Relativismuseinwand nur, aber auch immerhin auf die Tatsache eines heute weitreichenden Konsenses verwiesen werden, die, für sich allein genommen, zwar keine Widerlegung im strengen Sinne ist, aber für die Rechtspraxis, wie erwähnt, einer Widerlegung nahekommt.
Für Hoersters Sorge, daß ein Richter sich gegenüber demokratisch zustandegekommenen gerechten Gesetzen auf eine "Nazimoral" berufen könnte, bedeutet dies, daß ein solcher Richter jedenfalls in einem Staat, der in der Tradition der Menschenrechte steht oder sich dieser geöffnet hat, an der Tatsache eines weitreichenden Konsenses über fundamentale Rechte scheitern dürfte. Zudem gibt es dann, wenn rational begründete Urteile über extremes Unrecht möglich sind, rationale Gründe dafür, sich nicht gegen demokratisch zustandegekomme Gesetze auf eine "Nazimoral" zu berufen. Eine ernsthafte Gefahr, daß ein Richter unter Berufung auf einen nichtpositivistischen Rechtsbegriff gerechten Gesetzen wegen eines für ihn unerträglichen Verstoßes gegen eine "Nazimoral" den Rechtscharakter abspricht, besteht nur in einer Gesellschaft, die sich mehrheitlich bereits einer "Nazimoral" verschrieben hat. Daß der nichtpositivistische Rechtsbegriff in einer solchen Gesellschaft auf diese Weise mißbraucht werden kann, ist ein Nachteil, doch dieser Nachteil wiegt nicht allzu schwer. Wenn eine

"Nazimoral" erst einmal dominiert, halten sich Gesetze, die ihr in einem extremen Maße widersprechen, ohnehin nicht lange.

4.2.1.6. Das Demokratieargument

Das, was hier zum Relativismusargument gesagt wurde, läßt sich auf einen weiteren möglichen Einwand gegen den nichtpositivistischen Rechtsbegriff beziehen, den Demokratieeinwand. Dieser sagt, daß der nichtpositivistische Rechtsbegriff die Gefahr berge, daß der Richter sich unter Berufung auf die Gerechtigkeit gegen Entscheidungen des demokratisch legitimierten Gesetzgebers stelle.[78] Da es dabei um einen Eingriff der Judikative in den Bereich der Legislative geht, kann dieser Einwand auch als Gewaltenteilungseinwand formuliert werden.

Dieser Einwand verliert seine Kraft, wenn berücksichtigt wird, daß der nichtpositivistische Rechtsbegriff nur bei extremen Ungerechtigkeiten den Rechtscharakter entfallen läßt. Er wirkt nur in einem Kernbereich. Die verfassungsgerichtliche Kontrolle von Grundrechtsverletzungen in demokratischen Verfassungsstaaten geht inhaltlich weit darüber hinaus. Wer ein Demokratie- oder Gewaltenteilungsargument gegen die hier vertretene schwache Verbindungsthese

---

[78] Vgl. etwa Maus 1989: 193: "Das moralische Argument kann dann leicht als Demokratieersatz mißbraucht werden."

vorbringt, müßte deshalb jede gerichtlich kontrollierbare Bindung des Gesetzgebers an Grundrechte ablehnen.

4.2.1.7. Das Unnötigkeitsargument

Von praktischer Bedeutung ist die Radbruchsche Formel vor allem nach dem Zusammenbruch einer Unrechtsherrschaft. Der Staatsangehörigkeitsbeschluß des Bundesverfassungsgerichts ist hierfür ein Beispiel. Das Unnötigkeitsargument sagt nun, daß gesetzlichem Unrecht auch auf andere Weise als durch Aberkennung der Rechtsqualität Rechnung getragen werden könne. So habe der neue Gesetzgeber es in der Hand, gesetzliches Unrecht durch ein rückwirkendes Gesetz aufzuheben.[79]

Um das Unnötigkeitsargument richtig einzuschätzen, ist zwischen strafrechtlichen Fällen und solchen, die nicht strafrechtlicher Art sind, zu unterscheiden. Art. 103 Abs. 2 GG formuliert den elementaren rechtsstaatlichen Grundsatz "Nulla poena sine lege" als Norm positiven Verfassungsrechts. Damit ist dem einfachen Gesetzgeber die Statuierung rückwirkender Strafgesetze verboten. Das läßt sich verallgemeinern. Wenn der Grundsatz "Nulla poena sine lege" Verfassungsrang hat, dann kann im Bereich des Strafrechts nicht darauf verwiesen werden, daß der Erlaß eines rückwirkenden

---

[79] Vgl. Hart 1971: 44.

einfachen Gesetzes die Verwendung eines nichtpositivistischen Rechtsbegriffs unnötig machen würde. Nun könnte man allerdings an eine Verfassungsänderung denken, die in Fällen extremen Unrechts Ausnahmen von dem Grundsatz "Nulla poena sine lege" — und damit auch von dem Grundsatz "Nullum crimen sine lege" — zuläßt. Unter einer Verfassung, die, wie das Grundgesetz in Art. 79 Abs. 3, elementare rechtsstaatliche Grundsätze der Disposition auch des verfassungsändernden Gesetzgebers entzieht, wäre eine solche Ausnahme jedoch zumindest problematisch. Zu diesem rechtlichen Problem kommt ein faktisches. Selbst wenn es rechtlich zulässig sein sollte, den Grundsatz "Nulla poena sine lege" mit einer Ausnahmeklausel zu versehen, wäre es höchst fraglich, ob eine solche Klausel die für eine Verfassungsänderung erforderlichen qualifizierten Mehrheiten findet. All dies zeigt, daß der schlichte Verweis auf den Gesetzgeber nicht in allen Rechtssystemen und nicht unter allen Umständen die Unnötigkeit der Radbruchschen Formel belegt.

Wenn der Grundsatz "Nulla poena sine lege" Verfassungsrang hat und unabänderlich ist oder wenn er, ohne formell Verfassungsrang zu besitzen, als fundamentaler Rechtsgrundsatz nicht eingeschränkt werden darf, dann ist in strafrechtlichen Fällen das eigentliche Problem nicht das der Unnötigkeit eines nichtpositivistischen Rechtsbegriffs, sondern die Frage, ob die Verwendung eines solchen Rechtsbegriffs nicht zu einer *Umgehung* des Grundsatzes "Nulla poena sine lege" führt. Dies Problem ist allerdings nicht mit dem Unnötigkeitsproblem identisch. Es soll im Rahmen des nächsten Arguments, des Redlichkeitsarguments, behandelt werden. Das Unnötigkeitsargument ist also im wesentlichen auf Fälle außerhalb des Bereichs des Strafrechts zu beschränken. Hier besteht grundsätzlich die Möglichkeit, das Problem gesetzlichen Unrechts durch rückwirkende Gesetze zu lösen. Die Frage lautet jedoch, was der Richter tun soll, wenn der Gesetzgeber, aus welchen Gründen auch immer, untätig bleibt und wenn das gesetzliche Unrecht nicht aufgrund nunmehr geltenden Verfassungsrechts als für die jetzt anstehende Entscheidung unbeachtlich erklärt werden kann. Soll der Richter dann Urteile fällen, die auf extremem Unrecht beruhen und extremes Unrecht darstellen? Man könnte meinen, der Richter solle dies tun, um den Gesetzgeber zum Erlaß rückwirkender Gesetze zu veranlassen. Das aber würde in zahlreichen, insbesondere in zivilrechtlichen Fällen bedeuten, daß dem betroffenen Bürger ein für ihn ungünstiges Urteil zugemutet wird, das auf extremem Unrecht beruht und extrem ungerecht ist, damit der Gesetzgeber reagiert. Der Bürger würde insofern dauernd oder zeitweilig als Mittel zur Hervorrufung gesetzgeberischer Aktivität behandelt werden. Das ist mit seinen Grundrechten nicht vereinbar. Bereits dies zeigt, daß der Hinweis auf die bloße Möglichkeit eines rückwirkenden Gesetzes nicht ausreicht, um die Unnötigkeit der Verwendung eines nichtpositivistischen Rechtsbegriffs darzutun. Wenn der Gesetzgeber von dieser Möglichkeit keinen Gebrauch macht und wenn das gesetzliche Unrecht nicht aufgrund nunmehr geltenden Verfassungsrechts als für die jetzt anstehende Entscheidung unbeachtlich erklärt werden kann, dann ist die Verwendung eines nichtpositivistischen Rechtsbegriffs nötig, um die Grundrechte des Bürgers zu wahren.

Zu diesem Argument, das auf die Rechte des Bürgers abstellt, kommt ein zweites, das sich auf den Anspruch auf Richtigkeit stützt. Jedes richterliche Urteil erhebt, wie oben dargelegt, notwendig einen Anspruch auf Richtigkeit. Ein Urteil, das auf extremem Unrecht beruht und extremes Unrecht darstellt, wird diesem Anspruch in einem extremen Maße nicht gerecht. Es sind deshalb zwei Gründe, die außerhalb des Bereichs des Strafrechts das Unnötigkeitsargument entkräften und für die Notwendigkeit eines nichtpositivistischen Rechtsbegriffs sprechen: der Respekt vor den Rechten des Bürgers und der Anspruch auf Richtigkeit.

4.2.1.8. Das Redlichkeitsargument

Das Redlichkeitsargument sagt, daß der nichtpositivistische Rechtsbegriff in strafrechtlichen Fällen zu einer Umgehung des Grundsatzes

"Nulla poena sine lege" führe. Hart illustriert dieses Argument anhand eines im Jahre 1949 vom Oberlandesgericht Bamberg entschiedenen Falles.[80] Eine Frau, die ihren Ehemann loswerden wollte, gab 1944 bei den Behörden an, er habe während eines Fronturlaubs abfällige Bemerkungen über Hitler gemacht. Der Ehemann wurde festgenommen und in Anwendung von Vorschriften, die derartige Äußerungen unter Strafe stellten, zum Tode verurteilt, dann aber nicht hingerichtet, sondern zur Frontbewährung geschickt. 1949 wurde die Frau wegen Freiheitsberaubung angeklagt. Das Oberlandesgericht Bamberg, vor das der Fall schließlich kam, sprach sie schuldig. Das Gericht war der Auffassung, daß das Todesurteil rechtmäßig war, denn da die nationalsozialistischen Strafgesetze, auf denen es beruhte, nur "ein Unterlassen, nämlich zu schweigen", geboten, sei es nicht aufgrund eines "offensichtlich naturrechtswidrigen Gesetzes" ergangen.[81] Die Frau wurde auf der Basis einer umstrittenen strafrechtsdogmatischen Konstruktion verurteilt, nach der eine strafbare Freiheitsberaubung in mittelbarer Täterschaft auch dann begangen werden kann, wenn der unmittelbar Handelnde, hier also das Gericht, rechtmäßig handelt. Die Anzeige sei rechtswidrig gewesen, weil sie "gegen das Bil-

---

[80] OLG Bamberg, in: Süddeutsche Juristen-Zeitung 1950, Sp. 207.
[81] Ebd. Sp. 208 f.

ligkeits- und Gerechtigkeitsempfinden aller anständig Denkenden verstoßen" habe. Die strafrechtsdogmatische Richtigkeit dieser Konstruktion soll hier dahinstehen.[82] Auch braucht nicht zu interessieren, daß Hart den Fall, wie er später selbst bemerkt,[83] falsch darstellt, indem er meint, das Oberlandesgericht Bamberg habe sein Ergebnis dadurch erreicht, daß es den nationalsozialistischen Gesetzen, die dem Todesurteil zugrundelagen, die Rechtsgültigkeit absprach.[84] Wenn man mit dem Oberlandesgericht Bamberg ein Gesetz, das für abfällige Äußerungen über einen Diktator die Todesstrafe zuläßt, nicht als extrem ungerecht ansieht, weil es lediglich ein Unterlassen gebietet, braucht man nur den hypothetischen Fall zu bilden, in dem eine Frau ihren Ehemann deshalb denun-

---

[82] Es wäre insbesondere zu fragen, ob die These, daß die Anzeige "gegen das Billigkeits- und Gerechtigkeitsempfinden aller anständig Denkenden" in einem Maße verstieß, daß sie rechtswidrig und deshalb strafwürdig war, nicht impliziert, daß das Urteil seinem Inhalt nach Unrecht war. Kann die Anzeige auch dann derart "gegen das Billigkeits- und Gerechtigkeitsempfinden aller anständig Denkenden" verstoßen, daß sie rechtswidrig und deshalb strafwürdig war, wenn das Urteil in keiner Hinsicht Unrecht war? Wenn man hierauf mit einem Nein antwortet, lautet die entscheidende Frage, ob die Strafwürdigkeit der Anzeige nur voraussetzt, daß das Urteil in irgendeinem Maß Unrecht war, oder ob sie einen extremen und damit evidenten Unrechtscharakter des Urteils verlangt.
[83] Hart 1961: 234 f.
[84] Ders. 1971: 44.

ziert, weil er in einer Diktatur an extrem ungerechten Tötungshandlungen nicht teilnimmt, die ihm aufgrund eines Gesetzes geboten sind. Die Frau wäre dann auch nach der Auffassung des Oberlandesgerichts Bamberg schon deshalb zu verurteilen gewesen, weil das Urteil, das auf ihre Anzeige hin erfolgte, rechtswidrig gewesen wäre.

Hart wendet hiergegen ein:

"Es gab natürlich zwei andere Möglichkeiten. Eine war, die Frau straflos ausgehen zu lassen; man kann für die Auffassung, daß dies eine schlechte Lösung gewesen wäre, Sympathie und Zustimmung empfinden. Die andere war, sich mit der Tatsache abzufinden, daß, sollte die Frau bestraft werden, dies durch den Erlaß eines unverhüllt rückwirkenden Gesetzes hätte geschehen müssen, im vollen Bewußtsein dessen, was man aufgibt, um auf diesem Wege ihre Bestrafung zu erreichen. So abstoßend eine rückwirkende Strafgesetzgebung und Bestrafung auch sein mag, sie in diesem Falle offen durchgeführt zu haben, hätte wenigstens den Vorzug der Redlichkeit gehabt. Es hätte deutlich gemacht, daß man bei der Bestrafung der Frau zwischen zwei Übeln zu wählen hatte: dem, sie unbestraft zu lassen, und dem, ein wertvolles moralisches Prinzip preiszugeben, das die meisten Rechtssysteme gutheißen."[85]

---

[85] Ebd.

Das Redlichkeitsargument ist das stärkste Argument gegen den nichtpositivistischen Rechtsbegriff. Dennoch bringt es ihn nicht zu Fall. Dem Nichtpositivisten steht zunächst ein Ausweg aus dem von Hart aufgezeigten Dilemma zur Verfügung. Er kann die Rechtsqualität eines Unrechtsgesetzes, das die Befugnis zur Anzeige impliziert, verneinen und dennoch zur Straflosigkeit kommen. Um dies zu erreichen, braucht er lediglich aus spezifisch strafrechtlichen Gründen den Satz "Nulla poena sine lege" auf alle gesetzten und wirksamen Normen und nur auf diese, unabhängig von ihrem Unrechtsgehalt, zu beziehen. Die Radbruchsche Formel wird dann, um den Bürger zu schützen, für den Bereich des Strafrechts durch den Satz "Nulla poena sine lege" eingeschränkt. Wirkung entfaltet sie danach nur noch außerhalb des Strafrechts. Vorzugswürdig ist jedoch eine andere Entgegnung. Die Radbruchsche Formel führt nur zur Strafbarkeit solcher Taten, deren Unrechtsgehalt so extrem und deshalb so evident ist, daß er leichter zu erkennen ist als in vielen gewöhnlichen Straffällen.[86] Das ist jedenfalls dann akzeptabel, wenn es, wie im Denunziantenfall, nicht darum geht, mit Hilfe eines nichtpositivistischen Rechtsbegriffs Normen zu produzieren, die die Strafbarkeit begründen, sondern darum, gesetzliches Unrecht, das zu einem Ausschluß der Strafbarkeit führt, zu Fall zu

---

[86] So treffend Ott 1988: 355.

bringen. Wenn das Unrecht dieser Normen so extrem und deshalb so evident ist, daß jeder es klar erkennen kann, dann kann von einer versteckten Rückwirkung keine Rede sein. Denn dann war es klar erkennbar, als die Tat begangen wurde, und weil es zu diesem Zeitpunkt so extrem und deshalb so evident war, daß jeder es klar zu erkennen vermochte, waren diese Normen bereits zum Zeitpunkt der Tat kein Recht, das zum Ausschluß der Strafbarkeit führen konnte. Es wird deshalb nicht rückwirkend die Rechtslage geändert, sondern nur festgestellt, wie im Zeitpunkt der Tat die Rechtslage war. Wenn das Unrechtsargument auf die schwache Verbindungsthese beschränkt wird, also nur bei extremem und deshalb evidentem Unrecht zum Tragen kommt, kann von einer versteckten Rückwirkung und deshalb von einer Unredlichkeit keine Rede sein.

4.2.1.9. Ergebnis

Überblickt man die Argumente für und gegen das auf einzelne Normen bezogene Unrechtsargument in der schwachen Version, wie es in der Radbruchschen Formel Ausdruck findet, so sind die für dieses Argument sprechenden Gründe stärker als die Einwände. Alle Einwände konnten mindestens so weit entkräftet werden, daß sich ein Gleichstand ergab. Darüber hinaus ließen sich Gründe für die Vorzugswürdigkeit des Unrechtsarguments anführen. So konnte im Rahmen des Effektivitätsarguments auf einen Risikoeffekt hingewiesen werden, der auch in einem Unrechtsstaat eine gewisse Wirkung gegen gesetzliches Unrecht entfalten kann. Von besonderem Gewicht ist die bei der Diskussion des Unnötigkeitsarguments dargelegte Notwendigkeit des nichtpositivistischen Rechtsbegriffs nach dem Zusammenbruch eines Unrechtsstaates. Wenn der neue Gesetzgeber untätig bleibt und wenn das gesetzliche Unrecht nicht aufgrund nunmehr geltenden Verfassungsrechts als für die jetzt anstehende Entscheidung unbeachtlich erklärt werden kann, ergibt sich diese aus dem Respekt vor den Rechten der Bürger und dem Anspruch auf Richtigkeit, der notwendig mit richterlichen Urteilen verbunden ist. Für den Bereich des Strafrechts konnte gezeigt werden, daß das Unrechtsargument in seiner schwachen Version mit dem Grundsatz "Nulla poena sine lege" vereinbar ist. Es ist allerdings auch deutlich geworden, daß die Widerlegung einer Reihe von Einwänden davon abhängt, daß zumindest einige minimale moralische Anforderungen einer rationalen Begründung fähig sind. Es geht dabei um einen Kernbestand von elementaren Menschenrechten. Sollte eine solche Begründung nicht gelingen, wären die positivistischen Gegner des Unrechtsarguments nur relativ auf eine Rechtspraxis widerlegt, die in der Tradition der Menschenrechte steht. Das wäre zwar keine Widerlegung im strengen Sinne, käme unter praktischen Gesichtspunkten einer solchen aber nahe.

4.2.2. Rechtssysteme

Es fragt sich, ob das Unrechtsargument nicht nur auf einzelne Normen, sondern auch auf Rechtssysteme als Ganze bezogen werden kann. Oben wurde festgestellt, daß Normensysteme, die weder explizit noch implizit einen Anspruch auf Richtigkeit erheben, schon aus der Beobachterperspektive nicht als Rechtssysteme einzustufen sind.[87] Dabei wurde bemerkt, daß dies wenig praktische Konsequenzen hat, weil tatsächlich existierende Normensysteme regelmäßig einen Anspruch auf Richtigkeit erheben, mag dieser auch noch so wenig gerechtfertigt sein. Praktisch bedeutsame Probleme tauchen erst auf, wenn dieser Anspruch zwar erhoben, aber nicht erfüllt wird. Das Unrechtsargument kommt ins Spiel, wenn mit dieser Nichterfüllung die Schwelle extremer Ungerechtigkeit überschritten wird. Die Frage lautet, ob sich dann Konsequenzen ergeben, die das Rechtssystem als Ganzes treffen, also über eine bloße Summe der Konsequenzen extrem ungerechter Einzelnormen hinausgehen.
Ein derartiges systembezogenes Argument findet sich bei Martin Kriele. Seinen Ausgangs-

---

[87] Vgl. oben 62 f.

punkt bildet die These, daß es "sittliche Pflicht (ist), dem Recht Folge zu leisten, vorausgesetzt, daß das Recht 'im großen und ganzen' der Sittlichkeit Rechnung trägt"[88]. Diese Bedingung ist nach Kriele erfüllt, wenn das Rechtssystem auf den Prinzipien des demokratischen Verfassungsstaates beruht. Nicht erfüllt sein soll sie in totalitären Diktaturen. Das gesamte Argument zielt auf die Rechtspflicht als sittliche Pflicht und die damit verbundene Frage nach der Legitimität von Rechtssystemen und einzelnen rechtlichen Normen.

Letzteres bedeutet, daß das von Kriele ins Auge gefaßte Problem nicht dasselbe ist wie das hier zu behandelnde. Mangelnde Legitimität muß noch nicht einen mangelnden Rechtscharakter nach sich ziehen, und es ist möglich, daß eine als Rechtsnorm einzustufende Norm etwas gebietet, was einer sittlichen Pflicht widerspricht. So spricht Kriele selbst von "unsittlichem Recht"[89]. Um auf das hier anstehende Problem zu kommen, ist Krieles Argument deshalb zu einem Argument umzuformen, das auf den Rechtscharakter zielt. Die hier zu betrachtende Variante eines solchen Arguments lautet, daß ein Normensystem dann seinen Rechtscharakter verliert, wenn es im großen und ganzen extrem ungerecht ist. Diese Formel kann unterschiedlich gedeutet werden. Zwei Interpretationen

---

[88] Kriele 1979: 117.
[89] Ebd. 125.

sollen hier erwogen werden: die Ausstrahlungs- und die Zusammenbruchsthese.

4.2.2.1. Die Ausstrahlungsthese

Die Ausstrahlungsthese sagt, daß der mangelnde Rechtscharakter der grundlegenden inhaltlichen Normen eines Rechtssystems den mangelnden Rechtscharakter aller systemtypischen Normen nach sich zieht und in diesem Sinne auf sie ausstrahlt. Die Ausstrahlungsthese wird — im Rahmen seiner Fragestellung — von Kriele vertreten. Das zeigt seine These,

"daß es auch in totalitären Staaten unmittelbare Gesetzeslegitimität gibt, nämlich bei Gesetzen, die nicht systemtypisch sind und ausnahmsweise mit der Sittlichkeit in Einklang stehen. Gesetze über Vertragseinhaltung, Eheschließung, Mordverbot oder Regeln des Straßenverkehrs sind auch in solchen Staaten als legitim anerkannt, weil sie auch an aufklärerischen Maßstäben gemessen gerechtfertigt wären. Die Legitimität solcher Gesetze besteht dann nicht wegen, sondern trotz ihrer Herkunft aus dem totalitären System, mit dem sie nur im äußeren, aber nicht im inneren Zusammenhang stehen."[90]

Wenn man einem Argument dieser Struktur folgt, dann verliert eine einzelne Norm in einem extrem ungerechten Rechtssystem ihren Rechts-

---

[90] Ebd. 125 f.

charakter nicht erst dann, wenn sie als einzelne Norm extrem ungerecht ist. Zum Verlust des Rechtscharakters reicht es aus, daß sie als "systemtypische" Norm am Unrechtscharakter des Gesamtsystems teilhat, was auch unterhalb der Schwelle extremer Ungerechtigkeit möglich ist. Die Ausstrahlungsthese führt damit zu einem typischen Fall eines Gesamtheitsarguments. Ein einzelnes Element soll eine bestimmte Eigenschaft haben, die es bei isolierter Betrachtung nicht hätte, weil es Teil eines Ganzen mit dieser bestimmten Eigenschaft ist. Ein solches Gesamtheitsargument vermag in der Tat leicht zu erklären, wie sich bei extremer Ungerechtigkeit Konsequenzen für den Rechtscharakter eines Normensystems als Ganzen ergeben können, die über eine bloße Summe der Konsequenzen extrem ungerechter Einzelnormen hinausgehen. Die Frage lautet, ob die Ausstrahlungsthese und damit das Gesamtheitsargument akzeptabel ist. Der bei der Beantwortung dieser Frage entscheidende Punkt ist, daß es nicht um moralische Richtigkeit, Gerechtigkeit oder die Einhaltung aufklärerischer Maßstäbe, sondern um den Rechtscharakter geht. Die Erörterung des auf Einzelnormen bezogenen Unrechtsarguments in Gestalt der Radbruchschen Formel hat gezeigt, daß die Rechtssicherheit ein zentrales Argument dagegen ist, ordnungsgemäß gesetzten und sozial wirksamen Normen die Rechtsqualität abzusprechen. Nur in Fällen extremen Unrechts konnte wegen deren relativ klarer Erkennbarkeit das Rechtssicherheitsargument zurückgedrängt werden. Entsprechendes gilt für Rechtssysteme im ganzen. Die Rechtssicherheit würde zu sehr beeinträchtigt werden, wenn eine Norm bereits unterhalb der Schwelle extremen Unrechts dann ihren Rechtscharakter verlieren würde, wenn sie am Unrechtsgehalt des Gesamtsystems irgendwie teilhat und deshalb systemtypisch ist. Eine Norm kann mehr oder weniger am Unrechtsgehalt des Gesamtsystems partizipieren. Sie kann mehr oder weniger systemtypisch sein. Soll jede Teilhabe ihren Rechtscharakter aufheben, also auch eine geringfügige? Wenn ja, wie soll erkannt werden, ob eine Norm, wenn auch nur geringfügig, am Unrechtsgehalt des Gesamtsystems teilhat? Ist das bereits dann der Fall, wenn sie gelegentlich systemtypisch interpretiert und angewandt wird, obwohl sie auch anders interpretiert und angewandt werden könnte? Wenn eine geringfügige Teilhabe nicht ausreicht, welches Maß ist dann zu fordern? Wie soll dieses Maß auf eine Weise bestimmt werden, die der Rechtssicherheit genügt? Diese Fragen machen deutlich, daß jedes Absprechen des Rechtscharakters unterhalb der Schwelle extremen Unrechts einen erheblichen Verlust an Rechtssicherheit kostet. Bei extremem Unrecht ist das Zurückdrängen des Prinzips der Rechtssicherheit gerade noch hinnehmbar. Jede weitere Einschränkung ist nicht mehr akzeptabel. Das bedeutet, daß dann, wenn es um den Rechtscharakter geht, an dem

Kriterium des extremen Unrechts festzuhalten ist und daß dieses Kriterium auf einzelne Normen und nur auf einzelne Normen bezogen werden muß. Die Ausstrahlungsthese mag in anderen Kontexten plausibel sein, als These über den Rechtscharakter kann sie nicht überzeugen. Sie kann deshalb nicht dazu führen, daß sich aus dem Unrechtscharakter eines Gesamtsystems Konsequenzen ergeben, die über die Anwendung des Unrechtsarguments auf Einzelnormen hinausgehen.

4.2.2.2. Die Zusammenbruchsthese

Die Frage lautet damit, ob sich bei der zweiten Interpretation etwas anderes ergibt. Diese wählt, wer den Satz, daß ein Normensystem seinen Rechtscharakter verliert, wenn es im großen und ganzen extrem ungerecht ist, im Sinne der Zusammenbruchsthese deutet. Die Zusammenbruchsthese behauptet anders als die Ausstrahlungsthese, daß eine einzelne Norm aus moralischen Gründen nur dann ihren Rechtscharakter verliert, wenn sie extrem ungerecht ist. Ihre Basis bildet also das auf einzelne Normen bezogene Unrechtsargument in Gestalt der Radbruchschen Formel, und dem wird, was einzelne Normen betrifft, nichts hinzugefügt. Der Bezug zum Gesamtsystem wird durch die Behauptung hergestellt, daß das Gesamtsystem als Rechtssystem zusammenbricht, wenn sehr vielen, insbesondere wenn sehr vielen für das System wichtigen einzelnen Normen der Rechtscharakter abzusprechen ist. Der Grund für den Zusammenbruch soll nicht irgendeine Ausstrahlung sein, sondern die schlichte Tatsache, daß für ein Rechtssystem nicht mehr genug übrig bleibt.

An der Zusammenbruchsthese ist richtig, daß sich der Charakter eines Rechtssystems grundlegend ändern kann, wenn sehr vielen, insbesondere sehr vielen für das System wichtigen einzelnen Normen der Rechtscharakter abgesprochen wird. Man kann in diesem Fall auch von einer Änderung der inhaltlichen Identität des Rechtssystems und in diesem Sinne – aber auch nur in diesem Sinne – von einem Zusammenbruch des alten Systems sprechen. Hier ist jedoch entscheidend, daß in einem anderen Sinne, der nicht auf die inhaltliche Identität, sondern auf die Existenz eines Systems als Rechtssystem zielt, nicht von einem Zusammenbruch die Rede sein kann. Selbst dann, wenn sehr vielen einzelnen Normen aus moralischen Gründen der Rechtscharakter abzusprechen ist und sich darunter viele für den Charakter des Systems wichtige Normen befinden, kann das System als Rechtssystem fortexistieren. Die Voraussetzung dafür ist, daß ein für die Existenz eines Rechtssystems notwendiger minimaler Bestand an Normen den Rechtscharakter behält. Man nehme ein Rechtssystem, dessen Verfassung einen Diktator schrankenlos zur Normsetzung ermächtigt. Die von dem Diktator aufgrund dieser Ermächtigung erlassenen Normen seien zu 30 % extremes Unrecht, zu 20 % zwar Unrecht, aber kein extremes Unrecht, zu 20 % weder Unrecht noch von der Gerechtigkeit gefordert und zu 30 % von der Gerechtigkeit gefordert. Bei den 30 % extremen Unrechts handele es sich um Normen, die dem Unrechtssystem seinen spezifischen Charakter geben. Bei den 30 % von der Gerechtigkeit geforderten Normen handele es sich etwa um Normen des Vertrags-, des Delikts- und des Sozialrechts. Nach der Radbruchschen Formel ist nur den Normen der Rechtscharakter abzusprechen, die zu den 30 % extremen Unrechts gehören. Auf die restlichen 70 % ist diese Formel nicht anwendbar. Die Existenz des Rechtssystems wäre deshalb nur dann gefährdet, wenn die 30 % extremen Unrechts sich so auf die Ermächtigungsnorm auswirkten, daß diese in ihrem gesamten Umfang als extrem ungerechte Norm ihren Rechtscharakter verlöre. Denn dann verlören auch die restlichen 70 % der zu dem System gehörenden Normen ihre Geltungsgrundlage. Das Rechtssystem würde dann als stufenförmig aufgebautes System seine Existenz verlieren und in diesem Sinne zusammenbrechen. Lediglich eine Teilklasse der Normen könnte man noch als ein auf Gewohnheits- und/oder Naturrecht gegründetes System einstufen. Das wäre allerdings trotz teilweiser Identität der Normen ein anderes System.

Letzteres zeigt, daß man zu relativ künstlichen

Konstruktionen greifen müßte, wenn man einer Ermächtigungsnorm in ihrem gesamten Umfang den Rechtscharakter absprechen wollte, wenn und weil auf ihrer Grundlage extremes Unrecht erlassen werden kann oder wird. Rechtsnormen, die aufgrund sozial wirksamer Ermächtigungsnormen ordnungsgemäß gesetzt wurden, müßten als Gewohnheits- und/oder Naturrecht eingestuft werden, damit ihre Geltung erklärt werden kann. Um zu erkennen, daß dies auch sachlich nicht angemessen ist, braucht man das eben erwähnte Beispiel nur dahin abzuwandeln, daß nicht ein Diktator, sondern ein demokratisch gewähltes Parlament auf die geschilderte Weise von der Ermächtigung zur Normsetzung Gebrauch macht. Der denkbare Einwand, daß es extrem ungerecht sei, eine einzelne Person schrankenlos zur Normsetzung zu ermächtigen, entfällt dann. Die Ermächtigungsnorm als solche wäre unter dieser Voraussetzung nicht extrem ungerecht. Das ist nur eine Teilklasse ihrer Ergebnisse. Das aber bedeutet, daß die 30 % extremen Unrechts nicht zum Verlust des Rechtscharakters der Ermächtigungsnorm als solcher führen.[91] Das Rechtssystem als Ganzes bricht deshalb nicht zusammen.

---

[91] Es ist kennzeichnend, daß das Bundesverfassungsgericht im Konkordatsurteil das hier erörterte Problem nicht erwähnt, sondern sich auf die umgekehrte Frage beschränkt, ob alle auf dem Ermächtigungsgesetz vom 24. März 1933 beruhenden Normen notwendig als gel-

Damit ist festzuhalten, daß die Anwendung des Unrechtsarguments auf ein Rechtssystem als Ganzes nicht zu Konsequenzen führt, die über die Konsequenzen seiner Anwendung auf Einzelnormen hinausgehen.[92]

4.3. Das Prinzipienargument

Das Unrechtsargument zielt auf eine Ausnahmesituation: die des extrem ungerechten Gesetzes. Beim Prinzipienargument geht es um den juristischen Alltag. Seinen Ausgangspunkt bildet eine Einsicht der juristischen Methodenlehre, über die zwischen Positivisten und Nichtpositivisten Einigkeit besteht. Jedes positive Recht hat, wie Hart sagt, eine offene Struktur

---

tendes Recht anzusehen sind, was verneint wird: "Mit der Anerkennung der neuen Kompetenzordnung ist noch nichts darüber ausgesagt, ob die auf ihrer Grundlage erlassenen Gesetze und Verordnungen als gültiges Recht anerkannt werden können. Dafür kommt es auf ihren *Inhalt* an. Sie können dann nicht als gültiges Recht anerkannt werden, wenn sie gegen das Wesen und den möglichen Inhalt des Rechts verstoßen." (BVerfGE 6, 309 (331 f.))

[92] Von Bedeutung ist der Charakter des Gesamtsystems demgegenüber unter einem anderen Aspekt, nämlich dem der völkerrechtlichen Anerkennung von Staaten und Regierungen. Hierbei geht es um die Kollision zwischen dem Effektivitäts- und dem Legitimitätsprinzip, wobei in der Theorie wie in der Praxis der Anerkennung ersteres dominiert (vgl. etwa Ipsen 1990: 237).

(open texture)[93]. Dafür gibt es mehrere Gründe. Von besonderer Bedeutung sind die Vagheit der Sprache des Rechts, die Möglichkeit von Normwidersprüchen, das Fehlen einer Norm, auf die sich die Entscheidung stützen läßt, und die Möglichkeit, in besonderen Fällen auch gegen den Wortlaut einer Norm zu entscheiden.[94] Es kann insofern von einem "Offenheitsbereich" des positiven Rechts gesprochen werden, der mehr oder weniger weit sein kann, aber in jedem Rechtssystem vorhanden ist. Ein Fall, der in den Offenheitsbereich fällt, soll als "zweifelhafter Fall" bezeichnet werden.

Vom Standpunkt der positivistischen Theorie aus ist dieser Befund nur auf eine Weise zu deuten. Im Offenheitsbereich des positiven Rechts kann definitionsgemäß nicht aufgrund des positiven Rechts entschieden werden, denn wenn aufgrund des positiven Rechts entschieden werden könnte, befände man sich nicht im Offenheitsbereich. Da nur das positive Recht Recht ist, muß der Richter deshalb im Offenheitsbereich, also in allen zweifelhaften Fällen, anhand von nicht- oder außerrechtlichen Maßstäben entscheiden. Insofern ist er durch das positive Recht ermächtigt, auf grundsätzlich gleiche Weise wie ein Gesetzgeber aufgrund außerrechtlicher Maßstäbe neues Recht zu

---

[93] Hart 1961: 124.
[94] Vgl. Alexy 1991a: 17 f.

schaffen.⁹⁵ John Austin hat dies vor mehr als hundert Jahren in folgende Worte gefaßt: "So far as the judge's arbitrium extends, there is no law at all."⁹⁶

Demgegenüber sagt das Prinzipienargument, daß der Richter auch im Offenheitsbereich des positiven, also des gesetzten und wirksamen Rechts rechtlich gebunden ist, und zwar auf eine Weise, die eine notwendige Verbindung von Recht und Moral herstellt.⁹⁷ Dem entspricht es, wenn das Bundesverfassungsgericht im eingangs erwähnten Rechtsfortbildungsbeschluß sagt:

"Das Recht ist nicht mit der Gesamtheit der geschriebenen Gesetze identisch. Gegenüber den positiven Satzungen der Staatsgewalt kann unter Umständen ein Mehr an Recht bestehen."⁹⁸

Die Basis des Prinzipienarguments bildet die Unterscheidung von Regeln und Prinzipien.⁹⁹ Regeln sind Normen, die bei Erfüllung des

---

[95] Vgl. etwa Kelsen 1960: 350 f.
[96] J. Austin 1885: 664.
[97] In diesem Sinne auch Bydlinski 1982: 289 ff., der sein Argument "methodologisches Argument" nennt, und Dworkin mit seiner Deutung des Rechts als interpretative Praxis: "Law is an interpretive concept" (Dworkin 1986: 87, 410; vgl. dazu Bittner 1988: 20 ff.; Strolz 1991: 98 ff.).
[98] BVerfGE 34, 269 (287).
[99] Vgl. hierzu Dworkin 1984: 54 ff.; Alexy 1985: 71 ff.; Sieckmann 1990: 52 ff.

Tatbestandes eine definitive Rechtsfolge anordnen, also bei Erfüllung bestimmter Voraussetzungen definitiv etwas gebieten, verbieten oder erlauben oder definitiv zu etwas ermächtigen. Sie können deshalb vereinfachend als "*definitive Gebote*" bezeichnet werden. Die für sie charakteristische Anwendungsform ist die Subsumtion. Demgegenüber sind Prinzipien *Optimierungsgebote*. Als solche sind sie Normen, die gebieten, daß etwas in einem relativ auf die tatsächlichen und die rechtlichen Möglichkeiten möglichst hohen Maße realisiert wird. Das bedeutet, daß sie in unterschiedlichen Graden erfüllt werden können und daß das gebotene Maß ihrer Erfüllung nicht nur von den tatsächlichen, sondern auch von den rechtlichen Möglichkeiten abhängt. Die rechtlichen Möglichkeiten der Erfüllung eines Prinzips werden außer durch Regeln wesentlich durch gegenläufige Prinzipien bestimmt. Letzteres impliziert, daß Prinzipien abwägungsfähig und -bedürftig sind. Die Abwägung ist die für Prinzipien kennzeichnende Form der Anwendung.

Der Weg von dieser normtheoretischen Unterscheidung zu einem notwendigen Zusammenhang zwischen Recht und Moral führt über drei Thesen, die als "Inkorporationsthese", "Moralthese" und "Richtigkeitsthese" bezeichnet werden sollen. Der notwendige Zusammenhang, der sich mit Hilfe dieser drei Thesen begründen läßt, ist erstens begrifflicher Art, hat zweitens einen bloß qualifizierenden und nicht — wie beim Unrechtsargument – einen klassifizierenden Charakter und besteht drittens nur für einen Teilnehmer, nicht für einen Beobachter des Rechtssystems.

4.3.1. Die Inkorporationsthese

Die *Inkorporationsthese* sagt, daß jedes wenigstens minimal entwickelte Rechtssystem notwendig Prinzipien enthält. Eine Inkorporation ist leicht festzustellen, wenn es um ein voll entwickeltes Rechtssystem geht. Das Rechtssystem der Bundesrepublik Deutschland bietet ein instruktives Beispiel. Das Grundgesetz hat mit den Prinzipien der Menschenwürde (Art. 1 Abs. 1 GG), der Freiheit (Art. 2 Abs. 1 GG), der Gleichheit (Art. 3 Abs. 1 GG), des Rechtsstaats, der Demokratie und des Sozialstaats (Art. 20, 28 Abs. 1 Satz 1 GG) die Grundprinzipien des neuzeitlichen Natur- und Vernunftrechts und damit der neuzeitlichen Moral des Rechts und des Staates als Prinzipien positiven Rechts dem Rechtssystem der Bundesrepublik Deutschland inkorporiert. Entsprechendes gilt unbeschadet variierender Inkorporationstechniken und unterschiedlicher Gewichtungen für alle Rechtssysteme des rechtsstaatlich-demokratischen Typus.
Kein Positivist wird das bestreiten, vorausgesetzt, er läßt zu, daß neben Regeln auch Prinzipien zum Rechtssystem gehören können. Er wird aber bestreiten, daß sich hieraus irgendein

begrifflich notwendiger Zusammenhang zwischen Recht und Moral ergibt. Dafür stehen ihm mehrere Argumente zur Verfügung. Ein erstes lautet, daß es ausschließlich eine Frage positiven Rechts sei, ob einem Rechtssystem überhaupt irgendwelche Prinzipien inkorporiert sind.[100] Wenn das zutreffen sollte, würde das Prinzipienargument schon auf der ersten Stufe scheitern. Es könnte allenfalls noch einen durch das positive Recht begründeten Zusammenhang zwischen Recht und Moral behaupten, was mit dem Rechtspositivismus vereinbar wäre, denn daß das positive Recht, wie Hoerster es ausdrückt, "die Berücksichtigung der Moral sicherstellen" kann,[101] bestreitet der Positivismus nicht. Er beharrt nur darauf, daß das positive Recht darüber entscheidet, ob derartiges zu geschehen hat.

Die Frage lautet also, ob nicht nur einige Rechtssysteme aufgrund positiven Rechts, sondern alle Rechtssysteme notwendig Normen mit der Struktur von Prinzipien enthalten. Diese Frage soll aus der Perspektive eines Teilnehmers, und zwar eines Richters, beantwortet werden, der einen zweifelhaften Fall zu entscheiden hat, d. h. einen Fall, der im Offenheitsbereich des Rechtssystems liegt, also nicht allein aufgrund des vorgegebenen autoritativen Materials gelöst werden kann. Ein Kriterium dafür,

---

[100] Hoerster 1987: 186; ders. 1986: 2481.
[101] Hoerster 1987: 186.

ob der Richter sich auf Prinzipien stützt, ist, ob er eine Abwägung vornimmt. Es gilt folgender Satz: Wenn jemand eine Abwägung vornimmt, dann stützt er sich notwendig auf Prinzipien. Der Grund dafür ist, daß eine Abwägung genau dann notwendig ist, wenn gegenläufige Gründe existieren, die, jeweils für sich genommen, gute Gründe für eine Entscheidung darstellen und nur deshalb nicht ohne weiteres zu einer definitiven Entscheidung führen, weil es den anderen Grund gibt, der eine andere Entscheidung fordert. Derartige Gründe sind entweder Prinzipien oder sie stützen sich auf solche.[102]

Ein Positivist kann dies einräumen und dennoch bestreiten, daß hieraus folgt, daß alle Rechtssysteme, in denen Richter in zweifelhaften Fällen Abwägungen vornehmen, Prinzipien enthalten. Er kann behaupten, daß die bloße

---

[102] Günther ist der Meinung, daß die Unterscheidung zwischen Regeln und Prinzipien nicht als eine Unterscheidung zwischen zwei Arten von Normen aufgefaßt werden sollte, sondern ausschließlich als eine Unterscheidung zwischen zwei Arten der Anwendung von Normen (Günther 1988: 272 ff.). Dem ist entgegenzuhalten, daß ein Modell, das den Unterschied sowohl auf der Ebene der Norm als auch auf der Ebene der Anwendung abbildet, reichhaltiger ist. Es kann erklären, weshalb eine bestimmte Art der Anwendung stattfindet. Im übrigen kann auf die Unterscheidung zwischen Regeln und Prinzipien schon deshalb nicht verzichtet werden, weil nur mit ihrer Hilfe Begriffe wie der der Einschränkung eines Rechts einer adäquaten Rekonstruktion fähig sind (vgl. Alexy 1985: 249 ff.).

Tatsache, daß abgewogen wird, noch nicht bedeutet, daß die Prinzipien, zwischen denen abgewogen wird, zum Rechtssystem gehören. Die Prinzipien seien bloße moralische oder sonstwie zu qualifizierende Prinzipien, und das Erfordernis der Abwägung sei kein rechtliches, sondern ein außerrechtliches Postulat. Dem kann entgegengehalten werden, daß für einen Teilnehmer das Rechtssystem nicht nur ein System von Normen im Sinne von Ergebnissen, sondern auch ein System von Prozeduren ist und daß vom Standpunkt des Teilnehmers aus die Gründe, die er in der Prozedur der Entscheidung und Begründung berücksichtigt, zur Prozedur und damit zum System gehören.

Ein Gegner des Prinzipienarguments muß sich auch damit noch nicht zufriedengeben. Er kann einwenden, daß aus der bloßen Tatsache, daß der Richter in der Prozedur der Entscheidung und Begründung bestimmte Gründe, nämlich Prinzipien, berücksichtigt, noch nicht gefolgert werden dürfe, daß diese zum Rechtssystem gehören. Dieser Einwand kann jedoch mit Hilfe des Richtigkeitsarguments ausgeräumt werden. Ein richterliches Urteil erhebt, wie oben dargelegt, notwendig einen Anspruch auf Richtigkeit.[103] Wegen der notwendigen Verbindung mit dem richterlichen Urteil ist dieser Anspruch ein rechtlicher und nicht bloß ein moralischer Anspruch. Diesem rechtlichen Anspruch auf

---

[103] Vgl. oben 68 f.

Richtigkeit korrespondiert eine rechtliche Pflicht, ihn zu erfüllen, ganz gleich, worin die Rechtsfolge der Verletzung dieser Pflicht besteht. Der Anspruch auf Richtigkeit fordert, daß in einem zweifelhaften Fall stets dann eine Abwägung und damit eine Berücksichtigung von Prinzipien stattfindet, wenn dies möglich ist. So wird der Anspruch auf Richtigkeit notwendig nicht erfüllt, wenn ein Richter in einem zweifelhaften Fall von zwei mit dem autoritativen Material vereinbaren Entscheidungen die eine mit folgender Begründung wählt: "Wenn ich abgewogen hätte, wäre ich zu der anderen Entscheidung gekommen, aber ich habe nicht abgewogen." Damit ist deutlich, daß in allen Rechtssystemen, in denen es zweifelhafte Fälle gibt, in denen Abwägungen in Frage kommen, Abwägungen und damit die Berücksichtigung von Prinzipien rechtlich geboten sind. Das bedeutet, daß in allen derartigen Rechtssystemen Prinzipien aus rechtlichen Gründen notwendige Elemente des Rechtssystems sind.

Dem Gegner des Prinzipienarguments bleibt ein letzter Ausweg. Er kann behaupten, daß es Rechtssysteme geben kann, in denen kein Fall als zweifelhaft empfunden wird, so daß in keinem Fall eine Abwägung in Frage kommt. Da in solchen Rechtssystemen ohne Berücksichtigung von Prinzipien entschieden werden könne, treffe die These, daß alle Rechtssysteme notwendig Normen mit der Struktur von Prinzipien enthalten, nicht zu. Es ist eine interessante empirische Frage, ob Rechtssysteme existiert haben, in denen kein Fall als zweifelhaft empfunden wurde, so daß in keinem Fall eine Abwägung in Frage kam. Dieser Frage soll hier jedoch nicht nachgegangen werden. Ein solches System wäre jedenfalls ein nicht einmal minimal entwickeltes Rechtssystem. Damit gilt der Satz: Von einer minimalen Entwicklungsstufe an enthalten alle Rechtssysteme notwendig Prinzipien. Das reicht als Basis der Begründung eines notwendigen Zusammenhanges zwischen Recht und Moral durch das Prinzipienargument aus. Die These, daß alle Rechtssysteme notwendig Prinzipien enthalten, kann daher mit der in jenem Satz enthaltenen Beschränkung auf wenigstens minimal entwickelte Rechtssysteme versehen werden, ohne daß das Prinzipienargument daran scheitert.

4.3.2. Die Moralthese

Daraus, daß alle Rechtssysteme von einer minimalen Entwicklungsstufe an notwendig Normen mit der Struktur von Prinzipien enthalten, folgt noch nicht, daß ein notwendiger Zusammenhang zwischen Recht und Moral besteht. So begründet etwa die bloße Tatsache, daß allen Rechtssystemen des rechtsstaatlich-demokratischen Typus die Grundprinzipien der neuzeitlichen Moral des Rechts und des Staates inkorporiert sind, noch keinen notwendigen Zusammenhang zwischen Recht und Moral. Jeder

Positivist kann sagen, daß die Inkorporation gerade dieser Prinzipien auf positivem Recht beruhe. Das läßt sich zu der Behauptung zuspitzen, daß es stets eine Frage des positiven Rechts sei, ob die zu einem Rechtssystem gehörenden Prinzipien einen Zusammenhang zwischen Recht und Moral herstellen.

Um dem zu entgegnen, ist zwischen zwei Versionen der These vom notwendigen Zusammenhang zwischen Recht und Moral zu unterscheiden: einer schwachen und einer starken. In der schwachen Version sagt diese These, daß ein notwendiger Zusammenhang zwischen dem Recht und *irgendeiner* Moral besteht. Die starke Version lautet, daß ein notwendiger Zusammenhang zwischen dem Recht und der *richtigen* Moral existiert. Hier soll zunächst nur die schwache Version interessieren. Es geht also um die These, daß die notwendige Anwesenheit von Prinzipien im Rechtssystem zu einem notwendigen Zusammenhang zwischen dem Recht und irgendeiner Moral führt. Diese These soll als "*Moralthese*" bezeichnet werden.

Die Moralthese trifft zu, wenn sich unter den Prinzipien, die in zweifelhaften Fällen zu berücksichtigen sind, um dem Anspruch auf Richtigkeit zu genügen, stets solche finden, die zu irgendeiner Moral gehören. Das ist der Fall. In zweifelhaften Fällen geht es darum, eine Antwort auf eine praktische Frage zu finden, die dem vorgegebenen autoritativen Material nicht zwingend entnommen werden kann. Im Bereich des Rechts eine praktische Frage zu lösen, bedeutet, zu sagen, was gesollt ist. Wer sagen will, was gesollt ist, ohne daß er seine Antwort ausschließlich auf die Entscheidungen einer Autorität stützen kann, muß alle einschlägigen Prinzipien berücksichtigen, wenn er dem Anspruch auf Richtigkeit genügen will. Unter den für die Lösung einer praktischen Frage einschlägigen Prinzipien aber finden sich stets auch solche, die zu irgendeiner Moral gehören. Diese Prinzipien brauchen nicht so abstrakt zu sein wie die der Freiheit oder des Rechtsstaates. Häufig sind sie relativ konkret wie die des Vertrauensschutzes oder des Schutzes der natürlichen Umwelt. Auch können sie sich, wie etwa das Prinzip der Rassentrennung, inhaltlich von den Prinzipien eines demokratischen Verfassungsstaates sehr unterscheiden. Von Bedeutung ist hier allein, daß diese Prinzipien stets zugleich Prinzipien irgendeiner Moral sind, mag diese richtig oder falsch sein.

Ein Positivist könnte einwenden, daß das mit seiner Theorie vereinbar sei. Der Positivismus betone ja gerade, daß der Richter in zweifelhaften Fällen aufgrund außerrechtlicher Maßstäbe entscheiden müsse, was die Entscheidung aufgrund moralischer Prinzipien einschließe.[104] Damit trifft er jedoch nicht den entscheidenden

---

[104] Vgl. Hart 1961: 199: "The law of every modern state shows at a thousand points the influence of both the accepted social morality and wider moral ideals."

Punkt. Dieser besteht darin, daß die Prinzipien erstens gemäß der Inkorporationsthese notwendig Bestandteile des Rechtssystems sind und zweitens gemäß der Moralthese notwendig solche einschließen, die zu einer Moral gehören. Diese doppelte Eigenschaft, die notwendige Zugehörigkeit zugleich zum Recht und zur Moral, bedeutet, daß die Entscheidung des Richters in zweifelhaften Fällen anders zu deuten ist, als dies in positivistischen Theorien geschieht. Da die ihrem Inhalt nach moralischen Prinzipien dem Recht inkorporiert sind, entscheidet der Richter, der sich auf sie stützt, aufgrund rechtlicher Maßstäbe. Wenn man die vieldeutige Dichotomie von Form und Inhalt bemühen will, so kann gesagt werden, daß er dem Inhalt nach aufgrund moralischer, der Form nach aber aufgrund rechtlicher Gründe entscheidet.

4.3.3. Die Richtigkeitsthese

Bislang wurde lediglich gezeigt, daß das Prinzipienargument zu einem notwendigen Zusammenhang zwischen dem Recht und irgendeiner Moral führt. Der Einwand liegt nahe, daß dies zu wenig sei. Wenn von einem notwendigen Zusammenhang zwischen Recht und Moral gesprochen werde, werde regelmäßig ein notwendiger Zusammenhang zwischen dem Recht und der oder einer richtigen Moral gemeint. Das gelte insbesondere für die Teilnehmerperspektive. Dieser Einwand würde den Nichtpositivisten in der Tat treffen, wenn es dem Prinzipienargument nicht gelingen würde, irgendeinen notwendigen Zusammenhang zwischen dem Recht und der richtigen Moral herzustellen. Daß ihm dies gelingt, ist der Inhalt der *Richtigkeitsthese.* Die Richtigkeitsthese ist das Ergebnis einer Anwendung des Richtigkeitsarguments im Rahmen des Prinzipienarguments.

Die Richtigkeitsthese bereitet keine Schwierigkeiten, wenn die Prinzipien des positiven Rechts einen Inhalt haben, der moralisch gefordert oder zumindest moralisch zulässig ist. Als Beispiel können die sechs Grundprinzipien des Grundgesetzes dienen, also die Prinzipien der Menschenwürde, der Freiheit, der Gleichheit, des Rechtsstaats, der Demokratie und des Sozialstaats. Als Optimierungsgebote verlangen diese Prinzipien ihre möglichst weitgehende Realisierung. Gemeinsam fordern sie die approximative Realisierung eines rechtlichen Ideals, nämlich des Ideals des demokratischen und sozialen Rechtsstaats.[105] Wenn diese Prinzipien oder deren zahlreiche Unterprinzipien in einem zweifelhaften Fall einschlägig sind, dann ist der Richter rechtlich verpflichtet, eine auf den konkreten Fall bezogene Optimierung vorzunehmen. Dabei geht es um die Antwort auf eine rechtliche Frage, die ihrem Inhalt nach

---

[105] R. Dreier 1986: 30 f.

auch eine Frage der politischen Moral ist. Zumindest ein Teil der Argumente, mit denen der Richter sein Abwägungsergebnis begründet, hat inhaltlich den Charakter von moralischen Argumenten. Hieraus folgt, daß der mit der Entscheidung notwendig verbundene Anspruch auf rechtliche Richtigkeit einen Anspruch auf moralische Richtigkeit einschließt. Insofern besteht in Rechtssystemen, deren positivrechtliche Prinzipien einen Inhalt haben, der moralisch gefordert oder zumindest moralisch zulässig ist, ein notwendiger Zusammenhang zwischen dem Recht und der richtigen Moral.

Ein Gegner des Prinzipienarguments kann einwenden, daß dies nur in moralisch gerechtfertigten Rechtssystemen zu einem notwendigen Zusammenhang zwischen dem Recht und der richtigen Moral führe, nicht aber zu einem schlechthin notwendigen Zusammenhang, der für alle Rechtssysteme gilt. Er kann in diesem Zusammenhang auf ein Rechtssystem wie das des Nationalsozialismus verweisen, das mit dem Rassen- und dem Führerprinzip Prinzipien enthielt,[106] die auf einer ganz anderen Moral

---

[106] Vgl. etwa Stuckart/Globke 1936:7: "Die verantwortlichen Leiter des Staates haben zu prüfen, wie das ihnen anvertraute Volk rassisch zusammengesetzt ist und ihre Maßnahmen so einzurichten, daß mindestens der weitere Verlust an besten rassischen Werten verhindert und der Volkskern möglichst gestärkt wird", sowie 13: "Aus dem Rassegedanken folgt so zwangsläufig der Führer-

beruhen als die Prinzipien des Grundgesetzes. Wie, so kann er fragen, soll hier die Anwendung des Richtigkeitsarguments im Rahmen des Prinzipienarguments zu einer notwendigen Verbindung zwischen dem Recht und der richtigen Moral führen?
Das Prinzipienargument berührt sich hier mit dem Unrechtsargument. Doch soll es darauf an dieser Stelle nicht ankommen. Entscheidend ist, daß auch der Richter, der das Rassen- und das Führerprinzip anwendet, mit seiner Entscheidung einen Anspruch auf Richtigkeit erhebt. Der Anspruch auf Richtigkeit impliziert einen *Anspruch auf Begründbarkeit*. Dieser Anspruch beschränkt sich nicht darauf, daß das Urteil im Sinne irgendeiner Moral begründbar und insofern richtig ist, sondern er erstreckt sich darauf, daß das Urteil im Sinne einer begründbaren und deshalb richtigen Moral richtig ist. Der notwendige Zusammenhang zwischen dem Recht und der richtigen Moral wird dadurch gestiftet, daß der Anspruch auf Richtigkeit einen Anspruch auf moralische Richtigkeit einschließt, der sich auch auf die zugrundegelegten Prinzipien erstreckt.
Ein Kritiker könnte einwenden, daß auf diese Weise die Verbindung zwischen dem Recht und der richtigen Moral so sehr verflüchtigt werde, daß von einem notwendigen Zusammenhang

---

gedanke. Der völkische Staat muß also notwendig ein Führerstaat sein."

nicht mehr die Rede sein könne. Es gehe erstens nur noch um einen Anspruch und nicht mehr um seine Erfüllung, und es werde zweitens lediglich von einer richtigen Moral geredet, nicht aber gesagt, worin diese bestehe. Beide Beobachtungen sind richtig. Dennoch bringen sie die Verbindungsthese nicht zu Fall.

Daß außerhalb des Bereichs des Unrechtsarguments, also vor der Schwelle extremen Unrechts, nur der Anspruch und nicht erst seine Erfüllung einen notwendigen Zusammenhang zwischen dem Recht und der richtigen Moral stiften kann, ist leicht zu erkennen. Wer auf die Erfüllung abstellt, sagt zu viel. Er behauptet, daß das Recht, also auch jede einzelne gerichtliche Entscheidung, notwendig den Anspruch auf moralische Richtigkeit erfüllt, kurz: daß das Recht stets moralisch richtig ist. Letzteres impliziert, daß alles, was nicht moralisch richtig ist, kein Recht ist. Daß eine derart starke These nicht vertreten werden kann, hat die Erörterung des Unrechtsarguments gezeigt. Deshalb kann es hier nicht um einen klassifizierenden, sondern nur um einen qualifizierenden Zusammenhang gehen. Vor der Schwelle extremen Unrechts führt ein Verstoß gegen die Moral nicht dazu, daß die fragliche Norm oder die fragliche Entscheidung den Rechtscharakter verliert, also kein Recht ist (klassifizierender Zusammenhang), sondern nur dazu, daß sie eine rechtlich fehlerhafte Norm oder Entscheidung darstellt (qualifizierender Zusammenhang). Der notwen-

dig mit dem Recht verbundene Anspruch auf Richtigkeit ist wegen der Tatsache, daß er einen Anspruch auf moralische Richtigkeit einschließt, der Grund dafür, daß vor der Schwelle extremen Unrechts ein Verstoß gegen die richtige Moral zwar nicht zum Verlust der Rechtsqualität, wohl aber notwendig zur rechtlichen Fehlerhaftigkeit führt. Man kann den klassifizierenden Zusammenhang als "hart" und den qualifizierenden als "weich" bezeichnen. Auch weiche Zusammenhänge können notwendig sein.
Es bleibt der Einwand, daß der bloße Rekurs auf eine richtige Moral zu wenig sei. Dieser Einwand kann nicht durch die Angabe eines umfassenden Systems moralischer Regeln ausgeräumt werden, die in jedem Fall ein sicheres Urteil darüber erlauben, ob eine Rechtsnorm oder ein richterliches Urteil gegen sie verstößt. Während jenseits der Schwelle extremen Unrechts weitgehend Einigkeit darüber besteht, was gegen die Moral verstößt, herrscht vor dieser Schwelle weitgehend Streit. Das bedeutet jedoch nicht, daß es in diesem Bereich überhaupt keine Maßstäbe für das, was gerecht und was ungerecht ist, gibt. Der Schlüssel zu ihnen ist der vom Anspruch auf Richtigkeit implizierte Anspruch auf Begründbarkeit. Er führt zu Anforderungen, die eine Moral mindestens erfüllen muß, um nicht als falsche Moral identifiziert zu werden, sowie zu Anforderungen, die eine Moral in möglichst hohem Maße erfüllen muß, um Aussicht darauf zu haben, eine oder

die richtige Moral zu sein.[107] Ein Beispiel für eine Begründung eines Prinzips, die diese Anforderungen nicht erfüllt, ist die Begründung des Rassenprinzips in der Kommentierung von Stuckart und Globke:

"Auf Grund strengster wissenschaftlicher Einsicht wissen wir heute, daß der Mensch bis in die tiefsten unbewußtesten Regungen seines Gemütes, aber auch bis in die kleinste Gehirnfaser hinein in der Wirklichkeit und der Unentrinnbarkeit seiner Volks- und Rassenzugehörigkeit steht. Die Rasse prägt sein geistiges Gesicht nicht weniger als seine äußere Gestalt. Sie bestimmt seine Gedanken und Empfindungen, Kräfte und Triebe, sie macht seine Eigenart, sein Wesen aus."[108]

Diese Begründung wird Mindestanforderungen einer rationalen Begründung nicht gerecht. Man nehme nur die in ihr enthaltene Behauptung, daß die Rasse die Gedanken des einzelnen bestimmt. Diese Behauptung entspricht keinesfalls "strengster wissenschaftlicher Einsicht", sondern ist empirisch falsch, was schon die Alltagserfahrung lehrt.
Der qualifizierende oder weiche Zusammenhang, der deutlich wird, wenn man das Rechtssystem als ein System auch von Prozeduren aus der Sicht eines Teilnehmers betrachtet, führt

---

[107] Vgl. Alexy 1991a: 233 ff.
[108] Stuckart/Globke 1936: 10.

nicht zu einem notwendigen Zusammenhang des Rechts mit einer bestimmten, als richtig auszuzeichnenden inhaltlichen Moral, wohl aber zu einem notwendigen Zusammenhang des Rechts mit der Idee einer richtigen Moral im Sinne einer begründeten Moral. Diese Idee ist keinesfalls leer. Ihre Verknüpfung mit dem Recht bedeutet, daß zum Recht nicht nur die speziellen Regeln des juristischen Begründens gehören, sondern auch die allgemeinen Regeln der moralischen Argumentation, denn was an Richtigkeit im Bereich der Moral möglich ist, ist aufgrund dieser Regeln möglich. An ihnen scheitern erhebliche Bestände an Unvernunft und Ungerechtigkeit. Darüber hinaus hat die Idee einer richtigen Moral den Charakter einer regulativen Idee im Sinne eines anzustrebenden Ziels.[109] Insofern führt der Anspruch auf Richtigkeit zu einer mit dem Recht notwendig verbundenen idealen Dimension.

---

[109] Vgl. Kant 1781/1787: A 644/B 672: "Dagegen aber haben sie einen vortrefflichen und unentbehrlich notwendigen regulativen Gebrauch, nämlich den Verstand zu einem gewissen Ziele zu richten, in Aussicht auf welches die Richtungslinien aller seiner Regeln in einen Punkt zusammenlaufen."

3. Kapitel

Die Geltung des Rechts

I. Geltungsbegriffe

Den drei Elementen des Rechtsbegriffs, der sozialen Wirksamkeit, der inhaltlichen Richtigkeit und der ordnungsgemäßen Gesetztheit, korrespondieren drei Geltungsbegriffe: der soziologische, der ethische und der juristische Geltungsbegriff.

1. *Der soziologische Geltungsbegriff*

Gegenstand des soziologischen Geltungsbegriffs ist die soziale Geltung. Eine Norm gilt *sozial*, wenn sie entweder befolgt oder ihre Nichtbefolgung sanktioniert wird. Diese Definition läßt zahlreiche Interpretationen zu. Ein erster Grund hierfür ist, daß die in ihr verwendeten Begriffe der Befolgung und der Sanktionierung vieldeutig sind. Das gilt insbesondere für den Begriff der Befolgung einer Norm. So kann man fragen, ob zur Befolgung einer Norm ein ihr äußerlich entsprechendes Verhalten ausreicht oder ob die Befolgung einer Norm bestimmte Kenntnisse und Motive des Handelnden voraussetzt. Wenn man auf letzteres abstellt, steht man vor dem

Problem, welche Kenntnisse und welche Motive gegeben sein müssen, damit von der Befolgung einer Norm gesprochen werden kann. Der zweite Grund ist, daß eine Norm in unterschiedlichem Maße befolgt und ihre Nichtbefolgung in unterschiedlichem Maße sanktioniert werden kann. Das hat zur Folge, daß die soziale Wirksamkeit und damit die soziale Geltung einer Norm eine Sache des Grades ist. So hat eine Norm, die in 80 % aller Anwendungssituationen befolgt und in 95 % ihrer Nichtbefolgungsfälle sanktioniert wird, einen sehr hohen Wirksamkeitsgrad. Sehr gering ist demgegenüber der Wirksamkeitsgrad einer Norm, die nur in 5 % ihrer Anwendungssituationen befolgt und nur in 3 % ihrer Nichtbefolgungsfälle sanktioniert wird. Zwischen Extremen dieser Art ist die Sache allerdings nicht so klar. Man nehme eine Norm, die zu 85 % befolgt, aber nur in 1 % ihrer Nichtbefolgungsfälle sanktioniert wird, und eine Norm, die nur zu 20 % befolgt, aber in 98 % ihrer Nichtbefolgungsfälle sanktioniert wird. Die Frage, welche der beiden Normen ein höheres Maß an sozialer Wirksamkeit hat, kann nicht allein aufgrund eines Zahlenvergleichs entschieden werden. Ihre Beantwortung setzt eine Bestimmung des Gewichts voraus, das einerseits der Befolgung und andererseits der Sanktionierung bei Nichtbefolgung im Rahmen des Begriffs der sozialen Geltung zukommt.

Eine eingehende Erörterung der Probleme des Begriffs der sozialen Geltung findet im Bereich der Rechtssoziologie statt.[1] Die empirischen Fragestellungen der Effektivitätsforschung[2] zwingen zu einer Präzisierung. Hier reichen drei Einsichten aus. Die erste besteht darin, daß die soziale Geltung eine Sache des Grades ist. Die zweite lautet, daß die soziale Geltung anhand von zwei Kriterien erkennbar ist: dem der Befolgung und dem der Sanktionierung der Nichtbefolgung. Die dritte sagt, daß die Sanktionierung der Nichtbefolgung von Rechtsnormen die Ausübung von physischem Zwang einschließt, der in entwickelten Rechtssystemen staatlich organisierter Zwang ist.[3]

2. Der ethische Geltungsbegriff

Gegenstand des ethischen Geltungsbegriffs ist die moralische Geltung. Eine Norm gilt *moralisch*, wenn sie moralisch gerechtfertigt ist. Ein ethischer Geltungsbegriff liegt den Theorien des Natur- und des Vernunftrechts zugrunde. Die Geltung einer Norm des Natur- oder des Vernunftrechts beruht weder auf ihrer sozialen Wirksamkeit noch auf ihrer ordnungsgemäßen Gesetztheit, sondern allein auf ihrer inhaltlichen

---

[1] Vgl. etwa Rottleuthner 1981: 91 ff.; Röhl 1987: 243 ff.
[2] Vgl. Rottleuthner 1987: 54 ff.
[3] Vgl. hierzu oben 32 f.

Richtigkeit, die durch eine moralische Rechtfertigung zu erweisen ist.

3. Der juristische Geltungsbegriff

Der soziologische und der ethische Geltungsbegriff sind in dem Sinne reine Geltungsbegriffe, daß sie nicht notwendig Elemente der jeweils anderen Geltungsbegriffe enthalten müssen. Das ist beim juristischen Geltungsbegriff anders. Sein Gegenstand ist die rechtliche Geltung. Wenn ein Normensystem oder eine Norm keinerlei soziale Geltung hat, also nicht die geringste soziale Wirksamkeit entfaltet, dann kann dieses Normensystem oder diese Norm auch nicht rechtlich gelten. Der Begriff der rechtlichen Geltung schließt also Elemente der sozialen Geltung notwendig ein. Wenn er nur Elemente der sozialen Geltung einschließt, handelt es sich um einen positivistischen, wenn er auch Elemente der moralischen Geltung umfaßt, um einen nichtpositivistischen Begriff der rechtlichen Geltung.

Die Tatsache, daß ein voll ausgebildeter Begriff der rechtlichen Geltung als positivistischer Begriff Elemente der sozialen und als nichtpositivistischer Begriff Elemente der sozialen und der moralischen Geltung einschließt, schließt nicht aus, einen *Begriff der rechtlichen Geltung im engeren Sinne* zu bilden, der sich ausschließlich auf spezifische Eigenschaften der rechtlichen Geltung bezieht und auf diese Weise einen Kontrastbegriff zu den Begriffen der sozialen und der moralischen Geltung bildet. Ein derartiger Begriff der rechtlichen Geltung ist gemeint, wenn gesagt wird, daß eine Norm *rechtlich* gilt, wenn sie von einem dafür zuständigen Organ in der dafür vorgesehenen Weise erlassen worden ist und nicht gegen höherrangiges Recht verstößt, kurz: wenn sie ordnungsgemäß gesetzt ist.

Der juristische Geltungsbegriff bereitet zwei Probleme: ein internes und ein externes. Das interne Problem resultiert daraus, daß die Definition der rechtlichen Geltung bereits rechtliche Geltung voraussetzt und insofern zirkulär zu sein scheint. Wie sonst soll gesagt werden, was ein "zuständiges Organ" oder der Erlaß einer Norm "in der dafür vorgesehenen Weise" ist? Dieses Problem führt zum Problem der Grundnorm. Das externe Problem besteht in der Bestimmung des Verhältnisses des juristischen Geltungsbegriffs zu den beiden anderen Geltungsbegriffen. Das Verhältnis zum ethischen Geltungsbegriff ist bei der Diskussion des Rechtspositivismus bereits behandelt worden. Noch offen ist die Beziehung zum soziologischen Geltungsbegriff. Es sei zunächst das externe Problem erörtert. Dabei wird aus systematischen Gründen das Verhältnis zum ethischen Geltungsbegriff noch einmal aufgegriffen.

II. Geltungskollisionen

Extremfälle lassen erkennen, was in normalen Situationen kaum sichtbar wird. Im Bereich der Geltungsbegriffe bestehen die Extremfälle aus Geltungskollisionen. Es soll zunächst die Kollision von rechtlicher und sozialer Geltung behandelt werden.

1. Rechtliche und soziale Geltung

Es hat sich bereits gezeigt, daß das, was für Normensysteme gilt, nicht notwendig auf Einzelnormen zutreffen muß. Deshalb seien zunächst nur Normensysteme betrachtet.

1.1. Normensysteme

Bedingung der rechtlichen Geltung eines Normensystems ist, daß die zu ihm gehörenden Normen *im großen und ganzen* sozial wirksam sind, also sozial gelten.[4] Hier sollen nur ent-

---

[4] Kelsen 1960: 219.

wickelte Rechtssysteme betrachtet werden. Die rechtliche Geltung der Normen eines entwickelten Rechtssystems beruht auf einer geschriebenen oder ungeschriebenen Verfassung, die sagt, unter welchen Voraussetzungen eine Norm zum Rechtssystem gehört und deshalb rechtlich gilt. Daß einzelne Normen, die nach den Geltungskriterien der Verfassung rechtlich gelten, ihre soziale Geltung verlieren, bedeutet noch nicht, daß die Verfassung und damit das auf ihr beruhende Normensystem als Ganzes seine rechtliche Geltung verliert. Diese Schwelle wird erst dann überschritten, wenn die zu dem Normensystem gehörenden Normen nicht mehr im großen und ganzen sozial wirksam sind, also nicht mehr im großen und ganzen entweder befolgt oder bei Nichtbefolgung sanktioniert werden.

Das Problem der Geltung eines Normensystems als Ganzen stellt sich mit größter Schärfe, wenn zwei miteinander unvereinbare Normensysteme konkurrieren. Diese Situation kann etwa im Falle einer Revolution, eines Bürgerkrieges oder einer Sezession eintreten. Es ist leicht zu sagen, was nach dem Sieg der einen oder der anderen Partei gilt. Es gilt dann das Normensystem, das sich gegenüber dem anderen durchgesetzt hat, denn daß es sich durchgesetzt hat, bedeutet, daß es nunmehr das einzige Normensystem ist, das im großen und ganzen sozial wirksam ist. Nicht so leicht zu sagen ist, was während der Zeit der Konkurrenz der Normensysteme, also während der Zeit des politischen Kampfes gilt. Es gibt drei Möglichkeiten. Die erste ist, daß keines der beiden Normensysteme als Normensystem gilt, weil keines im großen und ganzen sozial wirksam ist. Die zweite Möglichkeit besteht darin, daß bereits das am Ende siegreiche Normensystem gilt, obwohl noch niemand weiß, welches dies sein wird. Die dritte Möglichkeit ist, daß das alte Normensystem, obgleich es nicht mehr im großen und ganzen wirksam ist, so lange gilt, bis das neue Normensystem sich durchgesetzt hat, also im großen und ganzen sozial wirksam ist. Diese Möglichkeiten einschließlich zahlreicher Zwischenformen zu erforschen, ist Aufgabe einer Theorie des Wechsels des Rechtssystems.

Hoerster nennt als Merkmal des Rechtsbegriffs, daß ein Normensystem nur dann ein Rechtssystem ist, also nur dann rechtlich gilt, wenn es "sich im offenen Konfliktsfall gegen andere normative Zwangsordnungen in der Gesellschaft durchsetzt"[5]. Dieses Kriterium kann als "Dominanzkriterium" bezeichnet werden. Das Dominanzkriterium fügt dem Kriterium der im großen und ganzen bestehenden sozialen Wirksamkeit nichts hinzu, denn es ist in ihm enthalten. Ein Normensystem, das sich nicht gegen andere normative Zwangsordnungen durchsetzt, ist nicht im großen und ganzen sozial wirksam.

---

[5] Hoerster 1987: 184.

1.2. Einzelne Normen

Eine ordnungsgemäß gesetzte Norm eines im großen und ganzen sozial wirksamen Rechtssystems verliert ihre rechtliche Geltung nicht schon dann, wenn sie häufig nicht befolgt und ihre Nichtbefolgung nur selten sanktioniert wird. Anders als bei Rechtssystemen ist deshalb bei Einzelnormen eine im großen und ganzen bestehende soziale Wirksamkeit nicht Bedingung der rechtlichen Geltung. Der Grund für diesen Unterschied ist leicht zu erkennen. Von einer Einzelnorm kann gesagt werden, daß sie gilt, weil sie zu einem im großen und ganzen sozial wirksamen Rechtssystem gehört. Das ist im Falle eines Rechtssystems nicht sinnvoll, denn das Rechtssystem, zu dem es gehören könnte, könnte nur es selbst sein.
Dennoch gibt es auch bei Einzelnormen eine Beziehung zwischen rechtlicher und sozialer Geltung, so daß eine Kollision zwischen sozialer und rechtlicher Geltung Konsequenzen für letztere haben kann. Bedingung der rechtlichen Geltung einer Einzelnorm ist zwar nicht, daß sie im großen und ganzen sozial wirksam ist, wohl aber, daß sie ein *Minimum an sozialer Wirksamkeit oder Wirksamkeitschance* aufweist. Dem entspricht das Phänomen der Derogation durch Gewohnheitsrecht (desuetudo). Diese besteht in dem Verlust der rechtlichen Geltung einer Norm aufgrund des Absinkens ihrer Wirksamkeit unter jenes Minimum. Wie bei der

im großen und ganzen bestehenden sozialen Wirksamkeit von Rechtssystemen läßt sich dieses Minimum – sieht man vom Fall der völligen Wirkungslosigkeit ab – nicht auf allgemeine Weise exakt festlegen. Es kann daher Fälle geben, in denen es höchst zweifelhaft ist, ob eine Norm ihre rechtliche Geltung aufgrund einer Derogation durch Gewohnheitsrecht verloren hat oder nicht.

2. Rechtliche und moralische Geltung

Zur Kollision zwischen rechtlicher und moralischer Geltung ist bereits bei der Kritik der positivistischen Rechtsbegriffe das Erforderliche gesagt worden.[6] Hier soll es deshalb ausschließlich um einen Vergleich des schon gewonnenen Ergebnisses mit der Lösung der Kollision zwischen der rechtlichen und der sozialen Geltung gehen.

2.1. Normensysteme

Normensysteme, die weder explizit noch implizit einen Anspruch auf Richtigkeit erheben, sind keine Rechtssysteme und können deshalb nicht rechtlich gelten. Dieser Befund hat wenig

---

[6] Vgl. oben 39 ff.

praktische Konsequenzen, weil tatsächlich existierende Rechtssysteme regelmäßig einen Anspruch auf Richtigkeit erheben, mag dieser auch noch so wenig gerechtfertigt sein.

Praktisch bedeutsame Probleme tauchen auf, wenn der Anspruch auf Richtigkeit zwar erhoben, aber in einem solchen Maße nicht erfüllt wird, daß das Normensystem als Unrechtssystem einzustufen ist. Es stellt sich dann die Frage der Anwendung des Unrechtsarguments auf Normensysteme im ganzen. Auf den ersten Blick scheint es nahe zu liegen, eine Formel zu gebrauchen, die der entspricht, die zur Lösung der Kollision zwischen der rechtlichen und der sozialen Geltung verwendet wurde, also zu sagen, daß ein Normensystem seine rechtliche Geltung verliert, wenn es im großen und ganzen extrem ungerecht ist. Die Erörterung der Ausstrahlungs- und der Zusammenbruchsthese hat jedoch gezeigt, daß diese Lösung nicht in Frage kommt.[7] Der Anwendungsbereich des Unrechtsarguments ist auf einzelne Normen beschränkt. Erst wenn so vielen einzelnen Normen aufgrund des Unrechtsarguments der Rechtscharakter abzusprechen ist, daß der für die Existenz eines Rechtssystems notwendige minimale Bestand an Normen nicht mehr vorhanden ist, hört das System als Rechtssystem auf zu existieren. Das ist jedoch keine Konsequenz der Anwendung des Unrechtsarguments

---

[7] Vgl. oben 108 ff.

auf das Rechtssystem als Ganzes, sondern eine Konsequenz der Konsequenzen der Anwendung des Unrechtsarguments auf Einzelnormen. Was Rechtssysteme betrifft, so ist also eine Asymmetrie zwischen dem Verhältnis von rechtlicher und sozialer Geltung einerseits und rechtlicher und moralischer Geltung andererseits festzustellen. Diese Asymmetrie besteht darin, daß die rechtliche Geltung eines Rechtssystems als Ganzen stärker von der sozialen als von der moralischen Geltung abhängt. Ein Rechtssystem, das nicht im großen und ganzen sozial wirksam ist, bricht als Rechtssystem zusammen. Demgegenüber kann ein Rechtssystem als Rechtssystem seine Existenz bewahren, obwohl es im großen und ganzen moralisch nicht zu rechtfertigen ist. Es bricht erst dann zusammen, wenn so vielen einzelnen Normen wegen extremer Ungerechtigkeit der Rechtscharakter und damit die rechtliche Geltung abzusprechen ist, daß der für die Existenz eines Rechtssystems notwendige minimale Bestand an Normen nicht mehr vorhanden ist.

Ein adäquater Rechtsbegriff entsteht dadurch, daß drei Elemente ins Verhältnis gesetzt werden: das der ordnungsgemäßen Gesetztheit, das der sozialen Wirksamkeit und das der inhaltlichen Richtigkeit.[8] Es ist nunmehr deutlich, daß zur ordnungsgemäßen Gesetztheit die soziale Wirksamkeit und die inhaltliche Richtigkeit

---

[8] Vgl. oben 29 f.

nicht in einem allgemeinen Sowohl-als-auch-Verhältnis hinzutreten müssen, sondern in einer geordneten gestuften Beziehung.

2.2. *Einzelne Normen*

Einzelne Normen verlieren ihren Rechtscharakter und damit ihre rechtliche Geltung, wenn sie extrem ungerecht sind. Dieses Kriterium entspricht in seiner Struktur der Formel, daß eine einzelne Norm ihre rechtliche Geltung verliert, wenn sie nicht ein Minimum an sozialer Wirksamkeit oder Wirksamkeitschance aufweist.[9] In beiden Fällen wird auf einen Grenzfall abgestellt. Statt zu sagen, daß eine einzelne Norm ein Minimum an sozialer Wirksamkeit oder Wirksamkeitschance aufweisen muß, könnte man auch sagen, daß sie nicht extrem unwirksam sein und eine extrem geringe Wirksamkeitschance haben darf. Umgekehrt könnte man die Formel, daß eine Norm die rechtliche Geltung verliert, wenn sie extrem ungerecht ist, durch die Formel ersetzen, daß Voraussetzung der rechtlichen Geltung einer einzelnen Norm ist, daß sie ein Minimum an moralischer Rechtfertigungsfähigkeit aufweist.[10] Letzteres lädt freilich zu Fehldeutungen ein. Einer Norm als solcher fehlt auch dann ein Minimum an mora-

---

[9] Vgl. oben 147.
[10] R. Dreier 1981a: 198.

lischer Rechtfertigungsfähigkeit, wenn sie nicht extrem, sondern nur schlicht ungerecht ist, denn eine Norm, die ungerecht ist, kann als solche nicht und deshalb auch nicht in einem minimalen Umfang gerechtfertigt werden. Dennoch kann eine schlicht ungerechte Norm rechtlich gelten. Das aber setzt nach der auf ein Minimum abstellenden Formel voraus, daß sie ein Minimum an moralischer Rechtfertigungsfähigkeit aufweist. Um diesen Widerspruch aufzulösen, ist der Begriff des Minimums an moralischer Rechtfertigungsfähigkeit nicht auf einzelne Normen als solche, sondern auf die rechtliche Geltung einzelner Normen zu beziehen. Wegen der moralischen Vorteile der Existenz eines Rechtssystems kann die rechtliche Geltung einer zu ihm gehörenden Norm auch dann ein Minimum an moralischer Rechtfertigungsfähigkeit aufweisen, wenn die Norm für sich genommen dies nicht tut, weil sie ungerecht ist. Die auf ein Minimum abstellende Formel setzt also komplizierte Erwägungen voraus, wenn sie auf die moralische Rechtfertigungsfähigkeit bezogen wird. Deshalb verdient das schlichte Kriterium des extremen Unrechts den Vorzug.

Als Ergebnis ist festzuhalten, daß die Rolle der sozialen und der moralischen Geltung im Rahmen des Begriffs der rechtlichen Geltung strukturgleich ist, wenn es um einzelne Normen geht. In beiden Fällen wird nur auf einen Grenzfall abgestellt. Das ist Ausdruck der Tatsache, daß die ordnungsgemäße Gesetztheit im

Rahmen eines sozial wirksamen Rechtssystems das dominierende Kriterium der Geltung von Einzelnormen ist, was die juristische Praxis täglich bestätigt.

III. Grundnorm

Ein Begriff der rechtlichen Geltung, der die Elemente der sozialen Wirksamkeit und der inhaltlichen Richtigkeit ausblendet, ist oben als Begriff der rechtlichen Geltung im engeren Sinne eingestuft worden. Dabei wurde vermerkt, daß dieser Begriff neben externen Problemen, die in der Bestimmung seines Verhältnisses zur sozialen und zur moralischen Geltung bestehen, interne Probleme bereitet.[11] Die internen Probleme resultieren aus der Zirkularität der Definition der rechtlichen Geltung. Diese sagt, daß eine Norm rechtlich gilt, wenn sie von einem dafür zuständigen Organ in der dafür vorgesehenen Weise erlassen worden ist und nicht gegen höherrangiges Recht verstößt, kurz: wenn sie ordnungsgemäß gesetzt ist. Die Begriffe des zuständigen Organs, des Erlasses einer Norm in der dafür vorgesehenen Weise und des höherrangigen Rechts aber setzen den Begriff der rechtlichen Geltung bereits voraus. Es kann nur ein aufgrund rechtlich geltender Normen zuständiges Organ, eine rechtlich geregelte Weise des Erlasses von Normen und rechtlich

---

[11] Vgl. oben 143.

geltendes höherrangiges Recht gemeint sein. Andernfalls ginge es nicht um den Begriff der rechtlichen Geltung im engeren Sinne.

Das bedeutsamste Instrument zur Auflösung des im Begriff der rechtlichen Geltung im engeren Sinne enthaltenen Zirkels ist die Grundnorm. Unbeschadet vielfältiger Möglichkeiten der Differenzierung lassen sich drei Arten von Grundnormen unterscheiden: analytische, normative und empirische. Die wichtigste Variante der analytischen Grundnorm findet sich bei Kelsen, die wichtigste der normativen bei Kant und die wichtigste der empirischen bei Hart.

1. Die analytische Grundnorm (Kelsen)

1.1. Der Begriff der Grundnorm

Eine Grundnorm ist eine Norm, die die Geltung aller Normen eines Rechtssystems außer ihrer eigenen begründet. Um zur Grundnorm zu gelangen, braucht man nur einige Male "Warum?" zu fragen. Kelsen vergleicht den Befehl eines Gangsters, ihm eine bestimmte Geldsumme auszuhändigen, mit der Anordnung eines Steuerbeamten, denselben Betrag zu leisten.[12] Warum

---

[12] Kelsen 1960: 8.

ist die Anordnung des Steuerbeamten eine rechtlich geltende individuelle Norm[13] in Gestalt eines Verwaltungsaktes, der Befehl des Gangsters demgegenüber nicht? Die Antwort lautet, daß der Steuerbeamte sich auf eine gesetzliche Ermächtigung berufen kann, der Gangster nicht. Warum aber gelten die Gesetze, auf die sich der Steuerbeamte stützt? Die Antwort ist, daß die Verfassung den Gesetzgeber zum Erlaß derartiger Gesetze ermächtigt. Warum aber gilt die Verfassung? Man könnte nun meinen, daß die Verfassung gilt, weil sie tatsächlich gesetzt und sozial wirksam ist, und dies mit der Behauptung verbinden, daß der Endpunkt erreicht und mehr nicht zu sagen sei. Wenn das zuträfe, wären die zur Normsetzung ermächtigenden Normen der Verfassung die — in sich komplexe — Grundnorm.

Das Problem dieser Antwort ist, daß sie einen Übergang von einem Sein zu einem Sollen einschließt. Das Sein besteht aus der tatsächlichen Gesetztheit und der sozialen Wirksamkeit der Verfassung, die sich mit dem Satz:

> (2) Die Verfassung V ist tatsächlich gesetzt und sozial wirksam,[14]

---

[13] Zum Begriff der individuellen Norm vgl. Alexy 1985: 73.
[14] Der Grund für die von der äußeren Abfolge abweichende Numerierung wird gleich bei der Zusammenstellung des Grundnormsyllogismus deutlich werden.

feststellen lassen. Das Sollen ist die rechtliche Geltung der Verfassung, die mit dem Satz:

(3') Die Verfassung *V* gilt rechtlich,

behauptet werden kann. Dieser Satz ist ein Sollenssatz, weil er den Satz:

(3) Es ist rechtlich geboten, sich gemäß der Verfassung *V* zu verhalten,

impliziert.[15] Aus einem Sein, genauer: aus einer beliebigen Klasse ausschließlich empirischer Sätze, folgt aber niemals *logisch*[16] auch nur ein einziger normativer Satz.[17] Um von (2) zu (3)

---

[15] Vgl. Kelsen 1960: 196.

[16] Es sei betont, daß es hier um die logische Deduzierbarkeit geht. Der Ausdruck "folgen" wird oft, wenn auch unzutreffend, verwendet, um zu sagen, daß etwas ein guter Grund für etwas anderes ist. Natürlich können empirische Sätze gute Gründe für normative Sätze sein. Dann wird aber stets eine normative Prämisse vorausgesetzt, die sie zu guten Gründen macht.

[17] Die These, daß allein aus einem Sein kein Sollen folgt, läßt sich auf Hume zurückführen. Sie wird deshalb auch das "Humesche Gesetz" genannt. Vgl. Hume 1888: 469: "I have always remark'd, that the author proceeds for some time in the ordinary way of reasoning, and establishes the being of a God, or makes observations concerning human affairs; when of a sudden I am surpriz'd to find, that instead of the usual copulations of propositions, *is*, and *is not*, I meet with no proposition that is not connected with an *ought*, or an *ought not*. This change is imperceptible; but is,

oder (3') zu gelangen, ist deshalb eine zusätzliche Prämisse erforderlich. Diese zusätzliche Prämisse ist die *Grundnorm*. Diese kann sowohl so formuliert werden, daß sie den Übergang von (2) zu (3') erlaubt — (3) ist dann aus (3') zu folgern —, als auch so, daß sie direkt zu (3) führt. Hier soll die zweite Variante betrachtet werden. Sie lautet:

> (1) Wenn eine Verfassung tatsächlich gesetzt und sozial wirksam ist, dann ist es rechtlich geboten, sich gemäß dieser Verfassung zu verhalten.

Die Sätze (1), (2) und (3) lassen sich nunmehr zu einem *Grundnormsyllogismus* der folgenden Form zusammenfassen:

> (1) Wenn eine Verfassung tatsächlich gesetzt und sozial wirksam ist, dann ist es rechtlich geboten, sich gemäß dieser Verfassung zu verhalten.
> (2) Die Verfassung *V* ist tatsächlich gesetzt und sozial wirksam.

---

however, of the last consequence. For as this *ought*, or *ought not*, expresses some new relation or affirmation, 'tis necessary that it shou'd be observ'd and explain'd; and at the same time that a reason should be given, for what seems altogether inconceivable, how this new relation can be a deduction from others, which are entirely different from it." Zu einer Darstellung der mit dem Sein-Sollen-Problem verbundenen logischen Fragen vgl. Stuhlmann-Laeisz 1983.

(3) Es ist rechtlich geboten, sich gemäß der Verfassung *V* zu verhalten.[18]

Kaum eine Idee der Rechtstheorie hat so viel Streit hervorgerufen wie die Idee einer Grundnorm. Der Streit konzentriert sich auf vier Punkte: die Notwendigkeit, die Möglichkeit, den Inhalt und den Status der Grundnorm.

1.2. *Die Notwendigkeit einer Grundnorm*

Hart hat gegen die Notwendigkeit einer Grundnorm eingewandt, daß sie zu einer unnötigen Verdoppelung führe:

---

[18] Vgl. Kelsen 1960: 219. Kelsens Grundnormsyllogismus unterscheidet sich in vier Punkten von dem hier formulierten. Drei sind unerheblich, einer ist erheblich. Unerheblich ist, daß Kelsen die Grundnorm kategorisch formuliert: "Man soll sich der tatsächlich gesetzten und wirksamen Verfassung gemäß verhalten." Dieser Satz läßt sich ohne Veränderung seines Inhalts in die oben angegebene hypothetische Form (1), also in einen Wenn-dann-Satz, umformulieren. Unerheblich ist ferner, daß der Schlußsatz (3) sich bei Kelsen nicht nur auf die Verfassung, sondern auf die gesamte Rechtsordnung bezieht. Kelsen vollzieht damit lediglich einen weiteren Schritt, der hier unterbleibt, aber ohne Probleme ebenfalls vollzogen werden könnte. Unerheblich ist schließlich auch, daß Kelsen in (1) und (3) nicht die Formulierung "ist geboten", sondern die Formulierung "man soll" verwendet. Erheblich ist demgegenüber, daß er lediglich davon spricht, daß "man soll", während hier davon die Rede ist, daß etwas "*rechtlich* geboten" ist. Darauf wird zurückzukommen sein.

"If a constitution specifying the various sources of law is a living reality in the sense that the courts and officials of the system actually identify the law in accordance with the criteria it provides, then the constitution is accepted and actually exists. It seems a needless reduplication to suggest that there is a further rule to the effect that the constitution (or those who 'laid it down') are to be obeyed."[19]

Dieser Einwand erhält seine Schlagkraft dadurch, daß er die Grundnorm nicht auf Dinge wie Willensäußerungen, Verhaltensregelmäßigkeiten und Zwangsmaßnahmen bezieht, die mit ihrer Hilfe als rechtlich geltende Verfassung gedeutet werden, sondern unmittelbar auf die institutionelle Tatsache einer praktizierten Verfassung abstellt. Danach könnte der folgende Satz als einzige Prämisse einer Begründung des rechtlichen Sollens formuliert werden:

(2') Die Teilnehmer am Rechtssystem S akzeptieren und praktizieren die Verfassung V.

Die Frage lautet, ob hieraus der Schlußsatz des Grundnormsyllogismus folgt:

(3) Es ist rechtlich geboten, sich gemäß der Verfassung V zu verhalten.

---

[19] Hart 1961: 246.

Das ist zu bejahen, wenn man (3) wie folgt interpretiert:

(3″) Vom Standpunkt eines Teilnehmers am Rechtssystem S aus gilt: Es ist rechtlich geboten, sich gemäß der Verfassung V zu verhalten.

Der Satz (3″) folgt aus (2′), weil die Tatsache, daß die Teilnehmer an einem Rechtssystem eine Verfassung akzeptieren und praktizieren, bedeutet, daß es von ihrem Standpunkt aus rechtlich geboten ist, sich gemäß dieser Verfassung zu verhalten. Ist damit die Grundnorm als überflüssig erwiesen? Hat Alf Ross recht, wenn er sagt:

"But the norm itself, according to its immediate content, expresses what the individuals ought to do. What, then, is the meaning of saying that the individuals ought to do what they ought to do!"[20]?

Die Antwort lautet: Nein. Der entscheidende Punkt ist, daß man zwar, ohne einer Grundnorm zu bedürfen, von (2′) zu (3″) übergehen kann, daß (2′) selbst aber eine Grundnorm voraussetzt. Daß die Teilnehmer an einem Rechtssystem eine Verfassung akzeptieren und praktizieren, setzt voraus, daß jeder einzelne von ihnen bestimmte Tatsachen als Tatsachen interpretiert, die die Verfassung erzeugen. Dabei

---

[20] Ross 1968: 156.

kann es sich um ein sehr komplexes Bündel von Tatsachen handeln. Hier sei die Vielfalt auf zwei Dinge reduziert, nämlich erstens darauf, daß eine verfassunggebende Versammlung die Verfassung beschlossen hat, und zweitens darauf, daß die anderen Teilnehmer am Rechtssystem die Verfassung akzeptieren und praktizieren. Man nehme nun einen Teilnehmer am Rechtssystem S, der die Verfassung V akzeptiert und praktiziert. Dieser Teilnehmer werde gefragt, warum die Verfassung V rechtlich gilt, was die Frage einschließt, weshalb es rechtlich geboten ist, sich gemäß der Verfassung V zu verhalten.

Der Teilnehmer könnte versuchen, dieser Frage auszuweichen, indem er behauptet, daß sie sinnlos sei. Dazu könnte er mit Hart geltend machen, daß von denjenigen Regeln der Verfassung, die sagen, was geltendes Recht ist (Hart nennt ihre Gesamtheit "rule of recognition"), nicht selbst wiederum gesagt werden könne, daß sie rechtlich gelten. Sie würden als existierend vorausgesetzt, und ihre Existenz sei eine Tatsache ("a matter of fact").[21] Dem ist jedoch entgegenzuhalten, daß die Frage nach der rechtlichen Geltung einer Verfassung üblich und möglich ist. Es wirkt ungewöhnlich und konstruiert, wenn ein Richter auf die Frage, weshalb er der Verfassung folgt, antwortet: "Ich folge der Verfassung nicht, weil sie rechtlich

---

[21] Hart 1961: 107.

gilt, sondern ausschließlich deshalb, weil meine Kollegen und ich sie akzeptieren und praktizieren. Das ist eine Tatsache, und mehr ist nicht zu sagen." Es soll deshalb angenommen werden, daß der Teilnehmer die Frage nach der rechtlichen Geltung der Verfassung nicht als sinnlos verwirft. Seine Antwort könnte dann lauten:

(2") Die Verfassung V wurde von der verfassunggebenden Versammlung beschlossen, und die anderen Teilnehmer am Rechtssystem akzeptieren und praktizieren sie.

Dieser Satz ist nichts anderes als eine Konkretisierung der zweiten Prämisse in Kelsens Grundnormsyllogismus:

(2) Die Verfassung V ist tatsächlich gesetzt und sozial wirksam.

Allein aus diesem Satz aber folgt weder der Satz:

(3') Die Verfassung V gilt rechtlich,

noch der Satz:

(3) Es ist rechtlich geboten, sich gemäß der Verfassung V zu verhalten.

Um von (2) oder (2") zu (3') oder (3) zu gelangen, ist eine Grundnorm wie (1) vorauszusetzen. Man kann so wenig allein von (2) oder (2″) zu (3′) oder (3) gelangen, wie man allein aus dem Satz:

(4) Peter will, daß ich ihm 100 DM gebe,

auf den Satz:

(5) Ich bin verpflichtet, Peter 100 DM zu geben,

schließen kann. Im ersten Fall ist die angeführte Grundnorm notwendig, um den Übergang zu ermöglichen, im zweiten Fall eine Norm wie:

(6) Ich bin verpflichtet zu tun, was Peter will.

Zu einer unnötigen Verdoppelung kommt es selbst dann nicht, wenn ein Normgeber nicht nur einen Willen äußert, sondern ausdrücklich eine Norm formuliert. Man nehme an, Peter spreche aus eigener Autorität, also ohne sich auf das Recht, die Moral oder soziale Konventionen zu beziehen, mir gegenüber die Verpflichtung aus, ihm 100 DM zu geben. Allein aus:

(4′) Peter hat zu mir gesagt: "Du bist verpflichtet, mir 100 DM zu geben",

folgt nicht:

(5) Ich bin verpflichtet, Peter 100 DM zu geben.

Wäre dies so, würden allein Wörter in der Lage sein, beliebige Verpflichtungen beliebiger Personen zu begründen. Um von (4') zu (5) zu gelangen, ist eine Norm wie:

> (6') Ich bin verpflichtet, das zu tun, wovon Peter sagt, daß ich verpflichtet bin, es zu tun,

nötig. Das ist eine Verdoppelung, aber es ist keine überflüssige Verdoppelung.
Als Ergebnis sind deshalb zwei Thesen festzuhalten. Die erste sagt, daß der Teilnehmer an einem Rechtssystem dann, wenn er von der Verfassung sagen will, daß sie rechtlich gilt oder daß es rechtlich geboten ist, sich ihr gemäß zu verhalten, eine Grundnorm voraussetzen muß. Die zweite lautet, daß dann, wenn das Fragen nach der rechtlichen Geltung nicht willkürlich abgebrochen werden soll, es möglich sein muß, als Teilnehmer zu sagen, daß die Verfassung rechtlich gilt oder daß es rechtlich geboten ist, sich ihr gemäß zu verhalten, was eine Grundnorm voraussetzt.

1.3. *Die Möglichkeit einer Grundnorm*

Ein Gegner der Grundnorm kann nicht nur die eben widerlegte Behauptung aufstellen, daß eine Grundnorm überflüssig sei, er kann auch einwenden, daß die Geltung oder die Existenz einer Grundnorm unmöglich sei. So hat Dworkin gegen Harts Grundnorm (rule of recognition) geltend gemacht, daß das Recht nicht aufgrund einer Regel identifiziert werden könne, die auf die ordnungsgemäße Gesetztheit und die soziale Wirksamkeit abstelle.[22] Dieser Einwand entspricht dem oben dargelegten Prinzipienargument.[23] Danach gehört zum Recht auch die Gesamtheit der Maßstäbe, die berücksichtigt werden müssen, um den mit dem Recht notwendig verbundenen Anspruch auf Richtigkeit zu erfüllen. Diese Maßstäbe können in der Tat nicht vollständig aufgrund einer Regel identifiziert werden, die auf die ordnungsgemäße Gesetztheit und die soziale Wirksamkeit abstellt.

Dennoch beseitigt das Prinzipienargument nicht die Möglichkeit einer Grundnorm. Es zeigt lediglich, daß eine Grundnorm, die nur auf empirisch feststellbare Tatsachen (Gesetztheit/ Wirksamkeit) abstellt, das Recht nicht vollständig identifizieren kann. Was eine solche Grundnorm aber identifizieren kann, ist das ordnungsgemäß gesetzte und sozial wirksame Recht. Deshalb ist sie so zu interpretieren, daß die ordnungsgemäße Gesetztheit zusammen mit der sozialen Wirksamkeit lediglich eine hinreichende, nicht aber auch eine notwendige Bedingung für die Zugehörigkeit zum Recht ist. Auf-

---

[22] Dworkin 1984: 81 ff., 111 ff.
[23] Vgl. oben 117 ff.

grund des Prinzipienarguments gilt also nicht der Satz:

(1) Zum Recht gehört *alles und nur das*, was ordnungsgemäß gesetzt und sozial wirksam ist,

sondern der abgeschwächte Satz:

(2) Zum Recht gehört *alles*, was ordnungsgemäß gesetzt und sozial wirksam ist,

wobei auch dieser Satz, wie im nächsten Abschnitt zu zeigen sein wird, noch einer Abschwächung bedarf, um dem Unrechtsargument[24] gerecht zu werden. Im Rahmen des Satzes (2) aber ist eine Grundnorm nicht nur möglich, sondern auch notwendig, um den Schritt von empirisch feststellbaren Tatsachen zur rechtlichen Geltung vollziehen zu können. Der Nachteil der auf ordnungsgemäß gesetztes und sozial wirksames Recht beschränkten Grundnorm besteht darin, daß sie kein vollständiges oberstes Identifikationskriterium für das Recht mehr ist. Diese Rolle kann ihr zwar nicht in einem vollen, wohl aber in einem begrenzten Sinne zurückgegeben werden. Zu diesem Zweck sind in sie Klauseln einzufügen, die dem Unrechts- und dem Prinzipienargument Rechnung tragen. An dieser Stelle soll nur das Prinzipienargument interessieren. Wenn man das

---

[24] Vgl. hierzu oben 70 ff.

Resultat dieses Arguments in die Grundnorm aufnimmt, entsteht eine nichtpositivistische Grundnorm, die folgende Struktur hat:

Wenn eine Verfassung tatsächlich gesetzt und sozial wirksam ist, dann ist es rechtlich geboten, sich so gemäß dieser Verfassung zu verhalten, wie es dem Anspruch auf Richtigkeit entspricht.

Diese Formulierung zeigt, daß eine nichtpositivistische Grundnorm nur noch begrenzt zur Identifikation des Rechts taugt. Die Klausel "wie es dem Anspruch auf Richtigkeit entspricht" verweist auf moralische Maßstäbe, ohne diese zu nennen und ohne ein Kriterium anzugeben, mit dessen Hilfe sie eindeutig identifiziert werden können. Diese Offenheit ist unvermeidlich. Sie kann nur deshalb akzeptiert werden, weil es Regeln der juristischen Methode gibt, die ausschließen, daß die Offenheit zur Willkür führt.[25] Diese Regeln verhindern insbesondere, daß die gesetzten und wirksamen Normen beliebig unter Berufung auf den Anspruch auf Richtigkeit zurückgedrängt werden können.[26] Das müssen sie schon deshalb tun, weil die Rechtssicherheit ein wesentliches Element rechtlicher Richtigkeit ist.

---

[25] Vgl. Alexy 1991a: 273 ff.
[26] Ebd. 305.

1.4. Der Inhalt der Grundnorm

Nach Kelsen ist die Grundnorm gänzlich inhaltsneutral:

"Welchen Inhalt diese Verfassung und die auf ihrer Grundlage errichtete staatliche Rechtsordnung hat, ob diese Ordnung gerecht oder ungerecht ist, kommt dabei nicht in Frage; auch nicht, ob diese Rechtsordnung tatsächlich einen relativen Friedenszustand innerhalb der durch sie konstituierten Gemeinschaft garantiert. In der Voraussetzung der Grundnorm wird kein dem positiven Recht transzendenter Wert bejaht."[27] "Daher kann jeder beliebige Inhalt Recht sein."[28]

Das widerspricht dem Unrechtsargument, nach dem extrem ungerechte Normen nicht den Charakter von Rechtsnormen haben können.[29] Auch dies bringt die Idee einer Grundnorm jedoch nicht zu Fall. Man kann in die Formulierung der Grundnorm eine Klausel einfügen, die dem Unrechtsargument Rechnung trägt. Eine Formulierung, die sowohl dem Prinzipien- als auch dem Unrechtsargument entspricht, lautet:

Wenn eine Verfassung tatsächlich gesetzt und sozial wirksam ist, dann ist es, wenn und soweit

---

[27] Kelsen 1960: 204.
[28] Ebd. 201.
[29] Vgl. oben 71 ff.

die Normen dieser Verfassung nicht extrem ungerecht sind, rechtlich geboten, sich so gemäß dieser Verfassung zu verhalten, wie es dem Anspruch auf Richtigkeit entspricht.

Diese Formulierung bezieht sich nur auf die Verfassung. Auf die gemäß der Verfassung gesetzten Normen wird bei der Definition des Rechts einzugehen sein.

1.5. Status und Aufgaben der Grundnorm

1.5.1. Aufgaben

Die Bestimmung des Status der Grundnorm wird dadurch erschwert, daß sie drei ganz unterschiedliche Aufgaben zu erfüllen hat.

1.5.1.1. Kategorientransformation

Die erste Aufgabe besteht darin, den Übergang von einem Sein zu einem Sollen zu ermöglichen. Sein und Sollen sind Kategorien ganz unterschiedlicher Art. Die erste Aufgabe kann deshalb als *"Kategorientransformation"* bezeichnet werden.[30] Dadurch, daß bestimmte Tatsachen als rechtserzeugende Tatsachen gedeutet wer-

---

[30] Vgl. Aarnio/Alexy/Peczenik 1983: 19 ff.; Peczenik 1983: 23.

den, wird der Schritt ins Reich des Rechts vollzogen.

1.5.1.2. Kriterienfestlegung

Der Schritt ins Reich des Rechts könnte nicht vollzogen werden, wenn die Grundnorm gestatten würde, beliebige Tatsachen, also etwa jede vorkommende Willensäußerung als rechtserzeugende Tatsache zu deuten. Deshalb obliegt der Grundnorm eine zweite Aufgabe. Sie muß festlegen, welche Tatsachen als rechtserzeugend anzusehen sind. Indem sie dies tut, legt sie die Kriterien für das, was Recht ist, fest. Die zweite Aufgabe kann deshalb als *"Kriterienfestlegung"* beschrieben werden. Kelsens Kriterium ist, wie dargelegt, das "einer tatsächlich gesetzten, im großen und ganzen wirksamen Verfassung"[31]. Eine andere Variante ist bei ihm das der "historisch ersten Staatsverfassung"[32]. Derartige Kriterien enthalten eine Verweisung. Sie sagen, daß Kriterien für das, was geltendes Recht ist, die Kriterien der Verfassung sind. Kelsen kann daher seine Grundnorm so formulieren, daß sie erstens sehr einfach und zweitens auf alle entwickelten Rechtssysteme anwendbar ist. Das ist bei Hart anders, der seine Grundnorm (rule of recognition) mit den Regeln der Verfassung identifiziert, die sagen, was Recht ist. Die

---

[31] Kelsen 1960: 219.
[32] Ebd. 203.

Hartsche Grundnorm wird dadurch sehr kompliziert und gilt nur für das jeweilige Rechtssystem. Allgemein ist an ihr nur, daß jedes entwickelte Rechtssystem eine Norm dieser Art enthalten muß. Sowohl Kelsens als auch Harts Kriterien sind positivistischer Art. Wie oben dargelegt, fordert das Unrechtsargument eine Einschränkung der positivistischen Kriterien und das Prinzipienargument ihre Ergänzung.

1.5.1.3. Einheitsstiftung

Die dritte Aufgabe liegt in der *Einheitsstiftung*:

"Alle Normen, deren Geltung auf eine und dieselbe Grundnorm zurückgeführt werden kann, bilden ein System von Normen, eine normative Ordnung. Die Grundnorm ist die gemeinsame Quelle für die Geltung aller zu einer und derselben Ordnung gehörigen Normen, ihr gemeinsamer Geltungsgrund. Daß eine bestimmte Norm zu einer bestimmten Ordnung gehört, beruht darauf, daß ihr letzter Geltungsgrund die Grundnorm dieser Ordnung ist. Diese Grundnorm ist es, die die Einheit einer Vielheit von Normen konstituiert, indem sie den Grund für die Geltung aller zu dieser Ordnung gehörigen Normen darstellt."[33]

Man könnte ein Problem darin sehen, daß die Grundnormen entwickelter Rechtssysteme ih-

---

[33] Ebd. 197.

rem Inhalt und ihrem Status nach identisch sind. Ist es dieselbe Grundnorm, die die Einheit verschiedener Rechtssysteme stiftet? Wie soll das möglich sein? Oder ist es doch die Verfassung, die zur Einheit führt? Diese Fragen sollen hier offen bleiben.

1.5.2. Status

Das Problem des Status der Grundnorm betrifft hauptsächlich die erste Aufgabe, die Kategorientransformation. Als Norm, die die Geltung allen positiven Rechts begründet, kann die Grundnorm nicht wiederum eine Norm des positiven Rechts sein.[34] Welcher Art aber ist sie dann? Man könnte meinen, daß sie dann nur eine nichtpositive Norm sein könne und als nichtpositive Norm eine Norm des Natur- oder Vernunftrechts sein müsse. Das aber lehnt Kelsen mit Nachdruck ab.[35] Was aber soll sie sein, wenn sie weder eine Norm des positiven Rechts noch eine Norm des überpositiven Rechts, also des Natur- oder Vernunftrechts, ist?

Daß dies keine einfache Frage ist, ist nicht nur an der uferlosen Literatur zu erkennen, sondern auch daran, daß Kelsen am Ende seines Lebens hierüber selbst in Zweifel geraten ist.[36] Seine bedeutendste Antwort findet sich in der zwei-

---

[34] Ebd. 201 f.
[35] Ebd. 223 ff.
[36] Kelsen 1964a: 119 f.

ten Auflage der "Reinen Rechtslehre" (1960). Der Status der Grundnorm wird dort durch vier Eigenschaften bestimmt.

1.5.2.1. Notwendige Voraussetzung

Die erste Eigenschaft besteht darin, daß die Grundnorm *notwendig vorausgesetzt* werden muß, wenn man von rechtlicher Geltung oder von rechtlichem Sollen sprechen will.[37] Es ist bereits bei der Erörterung des Begriffs der Grundnorm deutlich geworden, daß dieser These insoweit zuzustimmen ist, als *irgendeine* Grundnorm vorausgesetzt werden muß, wenn man von der Feststellung, daß etwas gesetzt und wirksam ist, zu der Feststellung, daß etwas rechtlich gilt oder rechtlich gesollt ist, übergehen will. Bei der Erörterung der Möglichkeit und des Inhalts der Grundnorm hat sich allerdings gezeigt, daß diese Grundnorm zwar Elemente der Kelsenschen Grundnorm enthalten muß, aber durch nichtpositivistische Elemente zu ergänzen ist.

Kelsen bezeichnet seine Grundnorm, weil sie notwendige Bedingung der Möglichkeit der Erkenntnis rechtlicher Geltung und rechtlichen Sollens ist, in Anknüpfung an die Kantsche Terminologie als "transzendental-logische Voraussetzung" der Rechtserkenntnis. Diese Charakterisierung ist insofern zutreffend, als nach Kant

---

[37] Kelsen 1960: 204.

transzendental das ist, was notwendig ist, um Erfahrungserkenntnis möglich zu machen.[38] Dennoch besteht ein wichtiger Unterschied zwischen dem Transzendentalen bei Kelsen und bei Kant. Dieser Unterschied zeigt sich an der zweiten Eigenschaft der Grundnorm.

1.5.2.2. Mögliche Voraussetzung

Die zweite Eigenschaft der Grundnorm besteht darin, daß sie zwar notwendig vorausgesetzt werden muß, *wenn* man das Recht als Sollensordnung deuten will, daß diese Deutung selbst aber nur eine *mögliche Deutung* ist.[39] So ist es, wie soziologische und psychologische Rechtstheorien belegen, möglich, wenn auch für viele Zwecke nicht sehr fruchtbar,[40] das Recht als einen bloß sozialen und/oder psychischen Wirkungszusammenhang zu beschreiben und zu erklären.[41] Kelsen selbst hebt dies hervor, wenn er bemerkt, daß als Alternative zur juristischen eine soziologische Deutung in Frage komme, die das Recht als ein System von

---

[38] Vgl. Kant 1903: 373: "Das Wort transscendental ... bedeutet nicht etwas, das über alle Erfahrung hinausgeht, sondern was vor ihr (a priori) zwar vorhergeht, aber doch zu nichts mehrerem bestimmt ist, als lediglich Erfahrungserkenntniß möglich zu machen."
[39] Kelsen 1960: 218, 224, 443.
[40] Dazu, daß sich auch für einen Rechtssoziologen die Deutung des Rechts als ein System bloßer Tatsachen nicht empfiehlt, vgl. Rottleuthner 1981: 31 ff., 91 ff.
[41] Vgl. R. Dreier 1979: 95.

"Machtbeziehungen" versteht.[42] Man kann deshalb sagen, daß die Grundnorm eine bloß mögliche oder bloß hypothetisch notwendige Voraussetzung ist.

Das hat Konsequenzen für ihren transzendentalen Charakter.[43] Im Bereich der empirischen Erfahrung gibt es nach Kant keine Alternativen z. B. zu den Anschauungsformen des Raumes und der Zeit. Empirische Erkenntnis ist danach nur im Raum und in der Zeit möglich.[44] Demgegenüber ist Erkenntnis rechtlicher Phänomene grundsätzlich auch ohne Verwendung der Kategorie des Sollens möglich. Dennoch hebt dies den transzendentalen Charakter des Kelsenschen Arguments nicht völlig auf. Es kann zwar keine unbedingte Notwendigkeit der Grundnorm und damit der Kategorie des Sollens dartun, wohl aber eine bedingte. Der juristische Standpunkt oder der Standpunkt des Teilnehmers an einem Rechtssystem ist dadurch definiert, daß von ihm aus das Recht als ein geltendes Normensystem oder eine Sollensordnung gedeutet wird. Man kann sich zwar nicht nur im Handeln, sondern auch im Denken weigern, am (äußerst realen) Spiel des Rechts teilzuneh-

---

[42] Kelsen 1960: 224.
[43] Vgl. Paulson 1990: 173 ff.
[44] Kant 1781/1787: A 24/B 38: "Der Raum ist eine notwendige Vorstellung a priori, die allen äußeren Anschauungen zum Grunde liegt"; A 31/B 46: "Die Zeit ist eine notwendige Vorstellung, die allen Anschauungen zum Grunde liegt."

men. Wenn man sich jedoch auf dieses Spiel einläßt, und es sprechen gute Gründe dafür, dies zumindest in der Praxis zu tun, dann gibt es keine Alternative zur Kategorie des Sollens und damit zur Grundnorm. Kelsens Argument kann daher als "schwaches transzendentales Argument" bezeichnet werden. Es zeigt, daß eine Grundnorm (nicht notwendig seine), die die Kategorie des Sollens einführt, der Schlüssel zum Reich des Rechts ist.

1.5.2.3. Gedachte Norm

Die dritte Eigenschaft der Kelsenschen Variante der Grundnorm besteht darin, daß diese Norm nur eine *gedachte Norm* sein soll.[45] Das muß sie deshalb sein, weil sie als gewollte Norm eine weitere Norm voraussetzen müßte, die den Inhalt des Wollens allererst in den Inhalt eines Sollens transformiert, denn aus einem bloßen Wollen folgt kein Sollen. Dann aber wäre die Grundnorm nicht die Grundnorm.

Die erste und die zweite Eigenschaft der Grundnorm konnten akzeptiert werden. Hier fangen jedoch die Probleme an. Ein erstes Problem ist das des Begriffs einer gedachten Norm. Kelsen hat in seinem Spätwerk die These, daß die Grundnorm lediglich der "Inhalt eines Denkaktes"[46] sei, widerrufen[47]. Es gebe "kein Sollen ohne

---

[45] Kelsen 1960: 206 f.
[46] Ebd. 206.
[47] Kelsen 1964a: 119: "Meine ganze Lehre von der

ein Wollen"⁴⁸. Deshalb müsse "mit der gedachten Grundnorm auch eine imaginäre Autorität mitgedacht werden ..., deren — fingierter — Willensakt die Grundnorm zu seinem Sinn hat"⁴⁹. Kelsen selbst bezeichnet diese Vorstellung als "in sich selbst widerspruchsvoll", da nach ihr die höchste Autorität durch eine noch höhere — wenn auch nur fingierte — Autorität ermächtigt werde.⁵⁰ Das aber bedeutet, daß die höchste Autorität nicht die höchste Autorität ist. Auch müßte eine weitere Grundnorm fingiert werden, die die fingierte Autorität zur Setzung der Grundnorm ermächtigt, was erstens der ursprünglichen Grundnorm ihren Grundnormcharakter nähme und zweitens, da auch die weitere Grundnorm nur Inhalt eines Willensaktes sein könnte, weitere fingierte Autoritäten und sie ermächtigende fingierte Grundnormen ad infinitum voraussetzen würde. Kelsens These, daß es eben um eine "echte Fiktion" gehe und daß eine solche gerade dadurch gekennzeichnet sei, daß sie in sich widersprüchlich sei,⁵¹ löst dieses Problem nicht.

Grundnorm habe ich dargestellt als eine Norm, die nicht der Sinn eines Willensaktes ist, sondern die im Denken vorausgesetzt wird. Nun muß ich Ihnen leider gestehen, meine Herren, daß ich diese Lehre nicht mehr aufrechterhalten kann, daß ich diese Lehre aufgeben mußte."
⁴⁸ Ders. 1964b: 74.
⁴⁹ Ebd. 70.
⁵⁰ Kelsen 1979: 207.
⁵¹ Ebd. 206.

Eine Lösung kann nur gefunden werden, wenn man die Vorstellung, daß jedes Sollen auf ein Wollen zurückführbar sein muß, aufgibt. Hierfür sprechen gute Gründe. Ein Sollen hängt meistens mit einem Wollen zusammen, es gibt aber auch Sollen ohne Wollen. So kann jemand aufgrund von Fairneß- oder Gerechtigkeitsüberlegungen zu der Auffassung kommen, daß er moralisch verpflichtet ist, keine Steuern zu hinterziehen, zugleich aber weiterhin wollen, daß er sie hinterzieht, und deshalb gegen seine Einsicht in das, was moralisch gesollt ist, handeln. Die Erkenntnis eines Sollens ist weder notwendig mit einem eigenen noch notwendig mit einem fremden Willensakt verbunden.[52] Wenn dies zutrifft, bereitet die Vorstellung, daß die Grundnorm eine bloß gedachte Norm ist, keine Schwierigkeiten.

Ein zweites Problem ist das des normativen oder vorschreibenden Charakters einer gedachten Grundnorm. Kelsen formuliert die gedachte Grundnorm so, daß sie sagt, daß man etwas tun soll: "Man soll sich so verhalten, wie die Verfassung vorschreibt."[53] Das ist die eine Seite der Sache. Die andere Seite ist, daß die Rechtswissenschaft, wenn sie auf der Basis dieser Grundnorm das Recht erkennt, nach Kelsen nichts vorschreibt: "Sie schreibt nicht vor, daß man

---

[52] Die Basis dieser These bildet der semantische Normbegriff. Vgl. hierzu Alexy 1985: 42 ff.
[53] Kelsen 1960: 204.

den Befehlen des Verfassunggebers gehorchen soll."[54] Wie ist es möglich, daß ein Rechtswissenschaftler einerseits bei der Formulierung eines Satzes über das, was rechtlich gesollt ist, notwendig voraussetzt, daß man sich so verhalten soll, wie es die Verfassung und damit das Recht vorschreibt, andererseits aber mit der Formulierung eines solchen Satzes nicht vorschreibt, daß man sich der Verfassung und damit dem Recht gemäß verhalten soll? Die Lösung liegt im Begriff des Vorschreibens. Eine Person a schreibt einer Person b etwas vor, wenn a von b verlangt, daß b etwas tut. Nach Kelsen verlangt der Rechtswissenschaftler als Rechtswissenschaftler von niemandem, daß er sich der Verfassung und damit dem Recht gemäß verhalten soll. Er kann ohne weiteres als Rechtswissenschaftler über eine Rechtspflicht informieren und zugleich als Mensch verlangen, ihr aus moralischen Gründen keine Folge zu leisten. Das führt zu einem hypothetischen oder relativen Charakter der Normativität des Rechts. Ein Rechtswissenschaftler, der über eine Rechtspflicht Auskunft gibt, sagt nicht: "Du sollst die Handlung h vollziehen." Seine Auskunft lautet vielmehr: "Wenn du dich auf den Standpunkt des Rechts stellst, dann bist du verpflichtet, die Handlung h zu vollziehen." Um dies sagen zu können, und nur um dies sagen

---

[54] Ebd. 208.

zu können, ist die Kelsensche Grundnorm mit dem Inhalt: "Man soll sich so verhalten, wie die Verfassung vorschreibt", erforderlich. Damit schreibt der Rechtswissenschaftler in der Tat nichts vor. Die Entscheidung, sich auf den Standpunkt des Rechts zu stellen, wird beliebigen Erwägungen des Adressaten jener Äußerung überlassen. Vor allem wird ihm nicht vorgeschrieben, sich auf den Standpunkt des Rechts zu stellen. Es wird eine vollkommen indifferente Haltung zum Recht eingenommen. Eine Rechtspflicht gibt es nur für den, der, aus welchen Gründen auch immer, am Spiel des Rechts teilnimmt. Für den, der dies nicht tut, existiert nur das Risiko, von Zwangsakten getroffen zu werden. Insofern verpflichtet das Recht zu nichts. Es kann keine Frage sein, daß eine solche Deutung möglich ist. Die Frage ist nur, ob sie adäquat ist.

Der hypothetische oder relative Charakter der Normativität des Rechts kommt in vielen Äußerungen Kelsens nur höchst unvollkommen zum Ausdruck. So soll der Schlußsatz eines Grundnormsyllogismus nach Kelsen sagen, daß man sich auf eine bestimmte Weise verhalten soll.[55] Das erweckt den Eindruck, als ob die Grundnorm zu einer standpunktunabhängigen kategorischen Verpflichtung führe, was zu der Fehlinterpretation verleiten kann, daß Kelsen mit

---

[55] Ebd. 205.

seiner Grundnorm eine allgemeine Pflicht, beliebige Rechtsnormen zu befolgen, begründe. Deshalb sollte im Zusammenhang mit der Grundnorm nicht schlicht von einem Sollen, sondern besser von einem rechtlichen Sollen gesprochen werden. Allerdings bleibt auch dann die Frage offen, ob Kelsens Deutung dieses Sollens adäquat ist.

1.5.2.4. Begründungsunfähigkeit

Die vierte Eigenschaft der Grundnorm soll darin bestehen, daß sie *keiner Begründung fähig* ist: "Nach dem Grund ihrer Geltung (kann) nicht mehr gefragt werden."[56] Diese These ist auf den ersten Blick plausibel. Als Grundnorm ist die Grundnorm die höchste Norm. Wenn sie begründet werden sollte, müßte eine noch höhere Norm vorausgesetzt werden. Dann aber wäre die Grundnorm nicht mehr die höchste Norm und deshalb nicht mehr die Grundnorm. Auf den zweiten Blick zeigt sich jedoch, daß dieses Argument leicht zu Fall zu bringen ist. Die Grundnorm, um die es hier geht, ist nur die Grundnorm des Rechts. Als höchste Norm des Rechts kann sie in der Tat nicht mehr durch eine andere Norm des Rechts begründet werden. Das schließt jedoch nicht aus, sie durch Normen oder normative Gesichtspunkte anderer Art, etwa durch moralische Normen oder

---

[56] Kelsen 1964b: 66; ders. 1960: 197.

durch Zweckmäßigkeitserwägungen, zu begründen. Kelsen könnte einwenden, daß dann diese Normen die Grundnorm des Rechts wären oder diese Erwägungen in eine Grundnorm des Rechts umformuliert werden müßten. Das ist jedoch nicht notwendig der Fall. Man kann sagen, daß mit der Grundnorm der Schritt ins Reich des Rechts getan wird und daß es moralische oder sonstige nichtrechtliche Gründe dafür gibt, diesen Schritt zu tun.

Um einzusehen, daß Kelsens These, daß die Geltung seiner Grundnorm "nicht mehr in Frage gestellt werden" kann,[57] nicht zutrifft, braucht man nur zu fragen, warum jede im großen und ganzen wirksame Zwangsordnung als Rechtsordnung gedeutet werden soll. Kelsen hat recht, wenn er sagt, daß man jede im großen und ganzen wirksame Zwangsordnung nur dann als Rechtsordnung deuten kann, wenn man seine Grundnorm voraussetzt. Aber warum soll man jede im großen und ganzen wirksame Zwangsordnung als Rechtsordnung deuten? Ein Hinweis auf die Grundnorm reicht zur Begründung nicht aus. Denn daß man die Grundnorm voraussetzt, bedeutet ja gerade, daß man jede im großen und ganzen wirksame Zwangsordnung als Rechtsordnung deutet. Da die Deutung als Rechtsordnung und das Voraussetzen der Grundnorm zwei Seiten derselben Sache sind,

---

[57] Ders. 1960: 197.

kann das eine nicht zur Begründung des anderen verwendet werden.

Auf die Frage, warum man jede im großen und ganzen wirksame Zwangsordnung als Rechtsordnung deuten, also die Kelsensche Grundnorm voraussetzen soll, kommen ganz unterschiedliche Antworten in Frage. Eine erste lautet, daß dies Sache einer Entscheidung, einer bloßen Dezision sei. Das ist jedoch keine Begründung. Eine zweite sagt, daß dies zweckmäßig sei. Einzelne Individuen und Kollektive (etwa Staaten) könnten sich besser orientieren und deshalb erfolgreicher handeln, wenn sie diese Deutung vornähmen. Das ist eine Begründung, nur wäre zu fragen, ob Kelsens Grundnorm von allen Alternativen die beste Erfolgsbedingung ist. Eine dritte Antwort ist, daß moralische Gründe, wie etwa der, daß ein Bürgerkrieg zu vermeiden ist, die Grundnorm fordern. Auch hier lautet die entscheidende Frage, ob die beste moralische Begründung wirklich zu der Kelsenschen Version einer Grundnorm führt. Das im Rahmen der Kritik des Rechtspositivismus erörterte Unrechtsargument hat gezeigt, daß es gute moralische Gründe dafür gibt, nicht allem, was gesetzt und wirksam ist, den Rechtscharakter zuzusprechen, und das Prinzipienargument führte zu dem Ergebnis, daß nicht nur das Recht ist, was gesetzt und wirksam ist. Das wird bei der Erörterung der Kantschen Grundnorm wiederaufzunehmen sein. Eine vierte Antwort lautet, daß

Kelsens Grundnorm ausdrückt, was der juristischen Praxis immer schon zugrunde liegt. Das ist eine empirisch-rekonstruktive Begründung. Kelsen kommt dieser Begründung nahe, wenn er sagt: "Sie hebt nur ins Bewußtsein, was alle Juristen, zumeist unbewußt, tun". Er entfernt sich dann aber sofort wieder von ihr, wenn er hinzufügt: "wenn sie das Recht ausschließlich als positives Recht begreifen"[58]. Es ist eine empirische Frage, ob die Juristen das Recht ausschließlich als positives Recht begreifen. Um diese Frage geht es Kelsen jedoch nicht. Deshalb ist seine These, daß die Grundnorm nur ins Bewußtsein hebt, was die Juristen tun, wenn sie das Recht ausschließlich positivistisch begreifen, keine empirische Behauptung. Sie enthält keine empirische Rekonstruktion der juristischen Praxis, sondern expliziert oder definiert den Standpunkt des Rechtspositivisten. Es bleibt nicht nur die Frage der Richtigkeit dieses Standpunktes offen. Auch die Frage, ob die tatsächlich betriebene juristische Praxis richtig wiedergegeben wird, interessiert dabei nicht.

Zusammenfassend läßt sich zu Kelsens Theorie der Grundnorm deshalb folgendes feststellen: Kelsen hat recht, wenn er sagt, daß eine Grundnorm vorausgesetzt werden muß, wenn man von der Feststellung, daß etwas gesetzt und wirksam ist, zu der Feststellung, daß etwas rechtlich gilt oder rechtlich gesollt ist, überge-

---

[58] Ebd. 209.

hen will. Diese Grundnorm muß aber nicht den Inhalt der Kelsenschen Grundnorm haben. So kann sie moralische Elemente enthalten, die dem Unrechtsargument Rechnung tragen. Kelsen ist ferner darin zuzustimmen, daß man zwar notwendig eine Grundnorm voraussetzen muß, wenn man das Recht als Sollensordnung deuten will, daß man auf diese Deutung aber auch verzichten kann. Die Grundnorm hat deshalb nur einen schwach transzendentalen Charakter. Es trifft schließlich zu, daß die Grundnorm eine bloß gedachte Norm ist. Nicht zuzustimmen ist demgegenüber der Behauptung Kelsens, daß die Grundnorm keiner Begründung fähig ist. Im Gegenteil, sie ist begründungsbedürftig. Das führt zum Problem einer normativen Grundnorm.

2. *Die normative Grundnorm (Kant)*

Kant spricht nicht von einer "Grundnorm", und diese steht — anders als bei Kelsen — auch nicht im Zentrum seiner Rechtsphilosophie. Immerhin aber wird die Idee einer Grundnorm bei ihm deutlich formuliert:

"Es kann also eine äußere Gesetzgebung gedacht werden, die lauter positive Gesetze enthielte; alsdann aber müßte doch ein natürliches Gesetz vorausgehen, welches die Autorität des Gesetzgebers (d. i. die Befugniß, durch seine bloße Willkür andere zu verbinden) begründete."[59]

Damit sind die wesentlichen Eigenschaften einer Grundnorm genannt. Es handelt sich um eine Norm, die den positiven Gesetzen vorausgeht und die Befugnis des Gesetzgebers zu ihrem Erlaß und damit ihre Geltung begründet. Der entscheidende Unterschied zu Kelsen besteht darin, daß Kants Grundnorm nicht lediglich eine erkenntnistheoretische Voraussetzung, sondern ein "natürliches Gesetz" ist. Ein natürliches Gesetz ist nach Kant ein Gesetz, dessen "Verbindlichkeit auch ohne äußere Gesetzgebung a priori durch die Vernunft erkannt werden kann".[60] Kants Grundnorm ist also eine Norm des Vernunftrechts oder — wie es in Anknüpfung an eine ältere Terminologie heißt — des Naturrechts.[61] Es geht also um eine vernunft- oder naturrechtliche Begründung der Geltung des positiven Rechts. Eine derartige Begründung führt zu dem genauen Gegenteil des moralisch indifferenten Charakters, den das Recht bei Kelsen hat. Sie führt zu einer moralischen Pflicht zum Rechtsgehorsam.

Kants Theorie der Grundnorm ist in den Kontext seiner Rechtsphilosophie eingebettet, und diese wiederum ist eng mit seiner Moralphilo-

---

[59] Kant 1907a: 224.
[60] Ebd.
[61] Ebd. 237.

sophie verknüpft.[62] Weder das eine noch das andere kann hier auch nur im Ansatz dargestellt werden. Es soll lediglich ein Blick auf die Gründe, die Kant für seine Grundnorm anführt, sowie auf ihren Inhalt geworfen werden.
Kants Begründung seiner Grundnorm ist Teil seiner Begründung der Notwendigkeit des positiven Rechts. Diese Begründung steht in der Tradition der Theorien des Gesellschaftsvertrages. Konstitutiv für diese Theorien ist die Unterscheidung zwischen einem natürlichen Zustand und einem rechtlichen oder staatlichen — Kant nennt ihn "bürgerlichen" — Zustand. Unterschiede der Theorien des Gesellschaftsvertrages ergeben sich u. a. aus der Deutung des natürlichen Zustandes. Nach Kant existieren bereits in ihm durch die Vernunft begründete Rechte. Diese sind jedoch im natürlichen Zustand nicht gesichert. Es soll deshalb ein Gebot der Vernunft sein, zwecks Sicherung dieser Rechte in den bürgerlichen oder staatlichen Zustand überzugehen:

"So liegt es doch a priori in der Vernunftidee eines solchen (nicht-rechtlichen) Zustandes, daß, bevor ein öffentlich gesetzlicher Zustand errichtet worden, vereinzelte Menschen, Völker und Staaten niemals vor Gewaltthätigkeit gegen einander sicher sein können, und zwar aus jedes seinem eigenen Recht zu thun, was ihm recht und gut dünkt, und hierin

---

[62] Vgl. R. Dreier 1981c: 286 ff.

von der Meinung des Anderen nicht abzuhängen; mithin das Erste, was ihm zu beschließen obliegt, wenn er nicht allen Rechtsbegriffen entsagen will, der Grundsatz sei: man müsse aus dem Naturzustande, in welchem jeder seinem eigenen Kopfe folgt, herausgehen und sich mit allen anderen (mit denen in Wechselwirkung zu gerathen er nicht vermeiden kann) dahin vereinigen, sich einem öffentlich gesetzlichen äußeren Zwange zu unterwerfen, also in einen Zustand treten, darin jedem das, was für das Seine anerkannt werden soll, gesetzlich bestimmt und durch hinreichende Macht (die nicht die seinige, sondern eine äußere ist) zu Theil wird, d. i. er solle vor allen Dingen in einen bürgerlichen Zustand treten."[63]

Man könnte nun meinen, daß diese Begründung der Notwendigkeit des positiven Rechts dazu führt, daß die natürlichen Rechte, deren Sicherung das positive Recht dienen soll, auf irgendeine Weise in die Grundnorm aufgenommen werden. Das ist jedoch nicht der Fall. Kants Grundnorm ist ausschließlich an der Rechtssicherheit und dem Rechtsfrieden orientiert. Auf den Inhalt des positiven Rechts, dem sie Geltung verleiht, kommt es so wenig an wie bei Kelsen. Das wird deutlich, wenn Kant seine Grundnorm als ein "praktisches Vernunftprincip" formuliert, welches das Gebot ausspricht, "der jetzt bestehenden gesetzgebenden Gewalt

---

[63] Kant 1907a: 312.

gehorchen zu sollen, ihr Ursprung mag sein, welcher er wolle"[64]. Das führt zu einem vernunftrechtlich begründeten strikten Vorrang des positiven Rechts vor dem Vernunftrecht. Am deutlichsten wird dies bei Kants Ausführungen zum Widerstandsrecht und zur Aufgabe der Juristen. Ein Widerstandsrecht wird abgelehnt:

"Wider das gesetzgebende Oberhaupt des Staats giebt es also keinen rechtmäßigen Widerstand des Volks; denn nur durch Unterwerfung unter seinen allgemein-gesetzgebenden Willen ist ein rechtlicher Zustand möglich."[65]

Zur Aufgabe der Juristen heißt es:

"Der schriftgelehrte Jurist sucht die Gesetze der Sicherung des Mein und Dein (wenn er, wie er soll, als Beamter der Regierung verfährt) nicht in seiner Vernunft, sondern im öffentlich gegebenen und höchsten Orts sanctionirten Gesetzbuch. Den Beweis der Wahrheit und Rechtmäßigkeit derselben, ingleichen die Vertheidigung wider die dagegen gemachte Einwendung der Vernunft kann man billigerweise von ihm nicht fordern. Denn die Verordnungen machen allererst, daß etwas recht ist, und nun nachzufragen, ob auch die Verordnungen selbst recht sein mögen, muß von den Juristen als ungereimt gerade zu abgewiesen werden. Es wäre

---

[64] Ebd. 319.
[65] Ebd. 320.

lächerlich, sich dem Gehorsam gegen einen äußern und obersten Willen darum, weil dieser angeblich nicht mit der Vernunft übereinstimmt, entziehen zu wollen. Denn darin besteht eben das Ansehen der Regierung, daß sie den Unterthanen nicht die Freiheit läßt, nach ihren eigenen Begriffen, sondern nach Vorschrift der gesetzgebenden Gewalt über Recht und Unrecht zu urtheilen."[66]

Kants vernunftrechtlich begründeter strikter Vorrang des positiven Rechts vor dem Vernunftrecht ist immer wieder kritisiert worden.[67] Diese Kritik läßt sich auf Thesen Kants stützen, die mit einem strikten Vorrang eines jeden, also auch eines extrem ungerechten positiven Gesetzes vor dem Vernunftrecht nicht oder nur schwer in Einklang zu bringen sind. So hält er einem bloß empirisch orientierten Rechtsgelehrten vor:

"Was Rechtens sei (quid sit iuris), d. i. was die Gesetze an einem gewissen Ort und zu einer gewissen Zeit sagen oder gesagt haben, kann er noch wohl angeben: aber ob das, was sie wollten, auch recht sei, und das allgemeine Kriterium, woran man überhaupt Recht sowohl als Unrecht (iustum et iniustum) erkennen könne, bleibt ihm wohl verborgen ... Eine bloß empirische Rechtslehre ist (wie der hölzerne Kopf in Phädrus' Fabel) ein Kopf, der

---

[66] Kant 1907b: 24 f.
[67] Vgl. m. w. N. R. Dreier 1985: 302 ff.

schön sein mag, nur Schade! daß er kein Gehirn hat."[68]

Wie ist das damit vereinbar, daß nach der zuvor zitierten Auffassung Kants die Frage nach der Richtigkeit oder Gerechtigkeit staatlicher Gesetze "von den Juristen als ungereimt gerade zu abgewiesen werden" muß?[69] Zweifel an der internen Kohärenz der Kantschen Theorie weckt auch sein "Probirstein der Rechtmäßigkeit eines jeden öffentlichen Gesetzes", welcher sagt:

"Was ein Volk über sich selbst nicht beschließen kann, das kann der Gesetzgeber auch nicht über das Volk beschließen."[70]

Kann dieses Kriterium wirklich niemals, auch nicht in Fällen tyrannischer Willkür, die Pflicht zum Gesetzesgehorsam einschränken? Ist es tatsächlich zwingend, daß die Rechtssicherheit und der Rechtsfrieden die Befolgung eines jeden staatlichen Gesetzes fordern, auch eines extrem ungerechten, welches das nach Kant "einzige, ursprüngliche, jedem Menschen kraft seiner Menschheit zustehende Recht" der Freiheit[71] gänzlich mißachtet? Die Erörterung des

---

[68] Kant 1907a: 229 f.
[69] Vgl. R. Dreier 1986: 10.
[70] Kant 1912: 297, 304.
[71] Kant 1907a: 237.

Unrechtsarguments hat gezeigt, daß ein derartiger unbegrenzter Vorrang des positiven Rechts abgelehnt werden muß: Extrem ungerechten Gesetzen ist der Rechtscharakter abzusprechen.[72]

Es fragt sich, was dies für die Einschätzung der Kantschen Grundnorm bedeutet. Zwei Möglichkeiten bieten sich an. Die erste wählt, wer sagt, daß die Kantsche Grundnorm am besten den Kantschen Grundprinzipien entspricht. Sie wäre dann aufgrund von Gesichtspunkten zu kritisieren, die außerhalb des Kantschen Systems anzusiedeln sind. Die zweite wählt, wer sagt, daß die Kantsche Grundnorm weder eine notwendige noch die beste Folgerung aus seinen Grundprinzipien ist. Diese These kann mit der Behauptung verbunden werden, daß eine Einschränkung der durch seine Grundnorm geforderten Gehorsamspflicht durch ein Kriterium wie das der Radbruchschen Formel besser in das Kantsche System paßt als die von Kant vorgetragene strikte Version. Dem entspräche die interpretationstheoretische Einsicht, daß auch ein großer Philosoph nicht stets die richtigen Folgerungen aus seinen Grundprinzipien ziehen muß. Es ist hier nicht möglich, mit der gebotenen Eindringlichkeit darzulegen, welche der beiden Möglichkeiten vorzuziehen ist. Deshalb sei nur als Vermutung geäußert, daß Kant mit der strikten Formulierung seiner

---

[72] Vgl. oben 71 ff.

Grundnorm nicht eine in seinem System zwingend vorgezeichnete Konsequenz gezogen hat, sondern zeitbedingten obrigkeitsstaatlichen Vorstellungen unterlegen ist.[73] Wenn diese Vermutung zutrifft, ist die Kantsche Grundnorm im Sinne des Unrechtsarguments zu modifizieren. Wenn diese Vermutung nicht zutrifft, ist Kants vernunftrechtlich begründete Grundnorm in ihren Auswirkungen positivistischer als die Kelsens. Kelsens Grundnorm sagt nur, daß man jede gesetzte und wirksame Norm als rechtlich geltende Norm deuten kann, wenn man es will und ohne daß hieraus irgendwelche moralischen Verpflichtungen entstehen. Demgegenüber würde Kants Grundnorm, wenn man sie nicht einschränken würde, sagen, daß man jede gesetzte und wirksame Norm als rechtlich geltende Norm deuten muß, unabhängig davon, ob man es will, und daß man überdies moralisch verpflichtet ist, jeder derartigen Norm zu gehorchen. Ein solcher moralisch begründeter radikaler Positivismus ist noch weit weniger akzeptabel als die skeptische erkenntnistheoretische Variante Kelsens.

3. Die empirische Grundnorm (Hart)

Zur Kritik der Hartschen Grundnorm ist bereits das Wesentliche bei der Erörterung der Grund-

---

[73] Vgl. R. Dreier 1979: 93.

normtheorie Kelsens gesagt worden. Die große Rolle, die sie in der Literatur spielt, und die Tatsache, daß sie neben einer Grundnorm des Kantischen Typs die wichtigste Alternative zur Grundnorm Kelsens ist, erfordern jedoch ihre systematisch gleichstufige Darstellung.

Hart nennt seine Grundnorm nicht "Grundnorm" ("basic norm"), sondern "rule of recognition" ("Erkenntnisregel" oder "Anerkennungsregel"). Dabei räumt er ein, daß seine Theorie der rule of recognition in einigen Hinsichten Kelsens Konzeption einer Grundnorm ähnelt.[74] Die unterschiedliche Terminologie begründet er vor allem mit dem unterschiedlichen Status seiner Grundnorm.[75]

Die Übereinstimmungen sind unverkennbar. Die rule of recognition enthält die Kriterien für die Identifikation von Regeln (Hart spricht statt von "Normen" von "Regeln") als geltendes Recht.[76] Sie ist die höchste Regel ("ultimate rule") des Rechtssystems.[77] Als solche enthält sie die Kriterien und damit die Gründe für die Geltung aller anderen Regeln des Rechtssystems außer ihrer selbst.[78] Wie bei Kelsen gelangt man zu ihr, wenn man im Stufenbau des Rechtssystems immer weiter nach dem Grund

---

[74] Hart 1961: 245.
[75] Ebd.
[76] Ebd. 97.
[77] Ebd. 102.
[78] Ebd. 104.

der Geltung fragt. Hart demonstriert dies anhand eines Beispiels, in dem die letzte Antwort und damit die Formulierung der einschlägigen rule of recognition lautet: "What the Queen in Parliament enacts is law."[79]

Ebenso deutlich sind aber auch die Unterschiede. Der wichtigste ist, daß es sowohl bei der Frage, ob eine rule of recognition existiert, als auch bei der Frage, was ihr Inhalt ist, um empirische Fragen geht:[80]

"the rule of recognition exists only as a complex, but normally concordant, practice of the courts, officials, and private persons in identifying the law by reference to certain criteria. Its existence is a matter of fact."[81]

Das soll der Grund dafür sein, daß nur von der Existenz, nicht aber von der Geltung der rule of recognition gesprochen werden kann. Sie ist zwar das Kriterium für die Geltung aller anderen Regeln, als höchstes Geltungskriterium soll sie selbst aber nicht wiederum gelten können.[82] Ihre Existenz *zeige* sich in der Art und Weise, wie die Teilnehmer an einem Rechtssystem Regeln als geltendes Recht identifizieren.[83]

---

[79] Ebd. 103 f.
[80] Ebd. 245.
[81] Ebd. 107.
[82] Ebd. 105 f.
[83] Ebd. 98.

Auf den ersten Blick scheint dies eine bestechend einfache Lösung des Grundnormproblems zu sein. Bei der Erörterung der Grundnorm Kelsens ist jedoch deutlich geworden, daß diese Lösung zu einfach ist. Hart schließt von der Akzeptanz der rule of recognition, die sich in der rechtlichen Praxis manifestiert, auf deren Existenz und verwendet dann deren Existenz als Grund für die Geltung aller anderen Rechtsregeln. Das entscheidende Problem steckt im Begriff der Akzeptanz. Eine Regel, die ihren Ausdruck in einer gemeinsamen Praxis findet, zu akzeptieren, heißt, von der Tatsache, daß die Praxis existiert, zu dem Urteil, daß es geboten ist, sich gemäß dieser Praxis zu verhalten, überzugehen. Der Vorzug der Kelsenschen Theorie der Grundnorm besteht darin, daß dieser Übergang von einem Sein zu einem Sollen nicht hinter Begriffen wie denen der Akzeptanz und der Existenz einer Praxis verborgen, sondern ans Licht gehoben und zum Thema gemacht wird. Eine empirische Grundnormtheorie muß letzthin scheitern, weil sie das eigentliche Problem jeder Grundnormtheorie, den Übergang von einem Sein zu einem Sollen, nicht adäquat erfassen kann.[84]

---

[84] Vgl. R. Dreier 1981b: 223.

4. Kapitel

Definition

Die Ergebnisse der bisherigen Ausführungen sollen nunmehr zu einer Definition zusammengefaßt werden. Diese lautet:

Das Recht ist ein Normensystem, das (1) einen Anspruch auf Richtigkeit erhebt, (2) aus der Gesamtheit der Normen besteht, die zu einer im großen und ganzen sozial wirksamen Verfassung gehören und nicht extrem ungerecht sind, sowie aus der Gesamtheit der Normen, die gemäß dieser Verfassung gesetzt sind, ein Minimum an sozialer Wirksamkeit oder Wirksamkeitschance aufweisen und nicht extrem ungerecht sind, und zu dem (3) die Prinzipien und die sonstigen normativen Argumente gehören, auf die sich die Prozedur der Rechtsanwendung stützt und/oder stützen muß, um den Anspruch auf Richtigkeit zu erfüllen.

Das ist eine Definition des Rechts aus der Perspektive des Teilnehmers[1] und damit eine juristische Definition des Rechts. Der definierte Begriff des Rechts schließt den der Geltung ein.[2] Die drei Teile der Definition entsprechen dem Richtigkeits-, dem Unrechts- und dem Prinzipienargument.

---

[1] Vgl. oben 47 f.
[2] Vgl. oben 44 ff.

Der *erste* Teil der Definition enthält als Definitionselement den Anspruch auf Richtigkeit.[3] Normensysteme, die weder explizit noch implizit einen Anspruch auf Richtigkeit erheben, sind keine Rechtssysteme.[4] Insofern hat der Anspruch auf Richtigkeit eine klassifizierende Bedeutung.[5] Das hat wenig praktische Konsequenzen. Tatsächlich existierende Rechtssysteme erheben regelmäßig einen Anspruch auf Richtigkeit, mag dieser auch noch so wenig gerechtfertigt sein. Unter praktischen Gesichtspunkten wichtiger ist die qualifizierende Bedeutung[6] des Anspruchs auf Richtigkeit. Diese besteht darin, daß die bloße Nichterfüllung des Anspruchs auf Richtigkeit Rechtssystemen und einzelnen Rechtsnormen zwar nicht den Rechtscharakter oder die Rechtsgeltung nimmt, sie aber rechtlich fehlerhaft macht.[7] Das ist Ausdruck der Tatsache, daß das Recht eine notwendige ideale Dimension besitzt.

Im *zweiten* Teil der Definition wird das Verhältnis zwischen den drei klassischen Definitionselementen der ordnungsgemäßen Gesetztheit, der sozialen Wirksamkeit und der inhaltlichen Richtigkeit bestimmt. Diese Verhältnisbestimmung erfolgt auf zwei Stufen: der der Verfassung und der der gemäß der Verfassung gesetz-

---

[3] Vgl. oben 64 ff..
[4] Vgl. oben 62.
[5] Vgl. oben 48 f.
[6] Vgl. oben 49.
[7] Vgl. oben 64.

ten Normen. Damit wird eine begrenzte Reichweite der Definition zum Ausdruck gebracht. Sie gilt nur für entwickelte Rechtssysteme, die eine stufenförmige Struktur aufweisen. Für nicht entwickelte Rechtssysteme wäre eine vereinfachte Variante zu erarbeiten, worauf hier verzichtet wird.

Voraussetzung der Geltung einer Verfassung ist, daß diese im großen und ganzen sozial wirksam ist. Mit dieser Formel wird auf die soziale Geltung des Rechtssystems als Ganzen Bezug genommen, denn eine Verfassung ist nur dann im großen und ganzen sozial wirksam, wenn das ihr gemäß gesetzte Rechtssystem als Ganzes im großen und ganzen sozial wirksam ist.[8] Der Begriff der sozialen Wirksamkeit im großen und ganzen enthält ferner die in vielen Rechtsdefinitionen genannten Merkmale des Zwanges und der Dominanz gegenüber konkurrierenden Normensystemen. Das Merkmal des Zwanges enthält dieser Begriff deshalb, weil die soziale Wirksamkeit einer Norm darin besteht, daß sie entweder befolgt oder ihre Nichtbefolgung sanktioniert wird, und weil die Sanktionierung der Nichtbefolgung von Rechtsnormen die Ausübung von physischem Zwang einschließt, der in entwickelten Rechtssystemen staatlich organisierter Zwang ist.[9] Das Merkmal der Dominanz gegenüber konkurrierenden

---

[8] Vgl. oben 144 ff.
[9] Vgl. oben 139 ff.

Normensystemen enthält der Begriff der sozialen Wirksamkeit im großen und ganzen deshalb, weil ein Normensystem, das sich im Konfliktfall nicht gegen andere Normensysteme durchsetzt, nicht im großen und ganzen sozial wirksam ist.[10]

Das bislang zur Geltung der Verfassung, also zur ersten Stufe des zweiten Teils der Definition Gesagte gilt auch für positivistische Rechtsbegriffe. Einen nichtpositivistischen Charakter erhält dieses Stück der Definition dadurch, daß das Kriterium der im großen und ganzen sozial wirksamen Verfassung durch das negative Definitionsmerkmal der extremen Ungerechtigkeit eingeschränkt wird. Der Grund hierfür ist das Unrechtsargument.[11] Dabei ist hervorzuheben, daß das Merkmal der extremen Ungerechtigkeit anders als das der sozialen Wirksamkeit nicht auf die Verfassung im ganzen, sondern nur auf einzelne Normen der Verfassung bezogen wird.[12] Das bringt zum Ausdruck, daß die rechtliche Geltung eines Rechtssystems als Ganzen stärker von der sozialen als von der moralischen Geltung abhängt.[13]

Auf der zweiten Stufe des zweiten Teils der Definition geht es um gemäß der Verfassung gesetzte Einzelnormen. Diese zweite Stufe ist

---

[10] Vgl. oben 146.
[11] Vgl. oben 70 ff.
[12] Vgl. oben 108 ff.
[13] Vgl. oben 150.

notwendig, weil bei Einzelnormen anders als bei Rechtssystemen eine im großen und ganzen bestehende soziale Wirksamkeit nicht Bedingung ihrer rechtlichen Geltung ist. Dies Kriterium wird in einem stufenförmig aufgebauten Rechtssystem durch das Kriterium der ordnungsgemäßen Gesetztheit gemäß einer im großen und ganzen sozial wirksamen Verfassung ersetzt.[14] Für dieses Kriterium gelten zwei Einschränkungen. Ordnungsgemäß gesetzte Einzelnormen verlieren die rechtliche Geltung, wenn sie nicht ein Minimum an sozialer Wirksamkeit oder Wirksamkeitschance aufweisen und/oder wenn sie extrem ungerecht sind.[15] Letzteres ist wieder Ausdruck des nichtpositivistischen Charakters des hier vorgestellten Rechtsbegriffs.

Während der zweite Teil der Definition den positivistischen Rechtsbegriff durch das Merkmal der extremen Ungerechtigkeit einschränkt, erweitert der *dritte* Teil den Umfang dessen, was zum Recht gehört. Das geschieht dadurch, daß die Prozedur der Rechtsanwendung in den Begriff des Rechts aufgenommen wird.[16] Alles, auf das sich der Rechtsanwender im Offenheitsbereich des Rechts stützt und/oder stützen muß, um den Anspruch auf Richtigkeit zu

---

[14] Vgl. oben 147.
[15] Vgl. oben 71 ff.; 147 f.
[16] Vgl. oben 46 f.

erfüllen, gehört zum Recht.[17] Damit werden Prinzipien, auch wenn sie sich nicht schon aufgrund der Geltungskriterien der Verfassung als Rechtsprinzipien identifizieren lassen, und die sonstigen die Begründung der Entscheidung tragenden normativen Argumente zu Bestandteilen des Rechts. Die Klausel "stützt und/oder stützen muß" bringt das Zusammenspiel der realen und der idealen Dimension der Rechtsanwendung zum Ausdruck. Zum Recht gehören sowohl diejenigen Argumente, mit denen die Rechtsanwender ihre Entscheidungen faktisch stützen, auch wenn diese dem Anspruch auf Richtigkeit nicht gerecht werden, als auch diejenigen Argumente, auf die die Entscheidungen gestützt werden müßten, um den Anspruch auf Richtigkeit zu erfüllen. Damit wird eine Kritik der rechtlichen Entscheidungspraxis vom Standpunkt des Rechts aus möglich.

---

[17] Vgl. oben 117 ff.

Literaturverzeichnis

Aarnio, Aulis, *Alexy*, Robert und *Peczenik*, Aleksander 1983: Grundlagen der juristischen Argumentation, in: Werner Krawietz und Robert Alexy (Hg.): Metatheorie juristischer Argumentation, Berlin, 9-87

Alexy, Robert 1981: Die Idee einer prozeduralen Theorie der juristischen Argumentation, in: Rechtstheorie, Beiheft 2, 177-188

— 1985: Theorie der Grundrechte, Baden-Baden (Neudruck: Frankfurt a. M. 1986)

— 1990: Zur Kritik des Rechtspositivismus, in: Archiv für Rechts- und Sozialphilosophie, Beiheft 37, 9-26

— 1991a: Theorie der juristischen Argumentation (1978), 2. Aufl. Frankfurt a. M.

— 1991b: Eine diskurstheoretische Konzeption der praktischen Vernunft, Vortrag auf dem 15. Weltkongreß für Rechts- und Sozialphilosophie, Göttingen 1991 (erscheint in den Akten des Kongresses)

Augustinus, Aurelius 1979: De civitate dei/Der Gottesstaat, hg. und übers. von Carl Johann Perl, 2 Bde., Paderborn, München, Wien und Zürich

Austin, John 1885: Lectures on Jurisprudence or the Philosophy of Positive Law (1861), 2 Bde., 5. Aufl. London

Austin, John Langshaw 1962: How to Do Things with Words, London, Oxford und New York
- 1970: The Meaning of a Word, in: ders.: Philosophical Papers, 2. Aufl. London, Oxford und New York, 55-75

Bierling, Ernst Rudolf 1894: Juristische Prinzipienlehre, Bd. 1, Freiburg i. Br. und Leipzig

Bittner, Claudia 1988: Recht als interpretative Praxis, Berlin

Bydlinski, Franz 1982: Juristische Methodenlehre und Rechtsbegriff, Wien und New York

Dreier, Horst 1991: Die Radbruchsche Formel — Erkenntnis oder Bekenntnis?, in: Festschrift für Robert Walter, hg. von Heinz Mayer u. a., Wien, 117-135

Dreier, Ralf 1979: Bemerkungen zur Rechtserkenntnistheorie, in: Rechtstheorie, Beiheft 2, 89-105
- 1981a: Recht und Moral, in: ders.: Recht — Moral — Ideologie, Frankfurt a. M., 180-216
- 1981b: Sein und Sollen, in: ders.: Recht — Moral — Ideologie, Frankfurt a. M., 217-240
- 1981c: Zur Einheit der praktischen Philosophie Kants, in: ders.: Recht — Moral — Ideologie, Frankfurt a. M., 286-315
- 1985: Rechtsgehorsam und Widerstandsrecht, in: Festschrift für Rudolf Wassermann, hg. von Christian Broda u. a., Neuwied und Darmstadt, 299-316
- 1986: Rechtsbegriff und Rechtsidee, Frankfurt a. M.

- 1987: Neues Naturrecht oder Rechtspositivismus?, in: Rechtstheorie 18, 368-385
- 1991: Der Begriff des Rechts, in: ders.: Recht — Staat — Vernunft, Frankfurt a. M., 95-119

Dworkin, Ronald 1984: Bürgerrechte ernstgenommen, Frankfurt a. M.
- 1986: Law's Empire, Cambridge, Mass. und London

Fuller, Lon L. 1969: The Morality of Law, rev. ed. New Haven und London

Geiger, Theodor 1987: Vorstudien zu einer Soziologie des Rechts, 4. Aufl. Berlin

Günther, Klaus 1988: Der Sinn für Angemessenheit, Frankfurt a. M.

Hamlyn, D. W. 1967: Analytic and Synthetic Statements, in: The Encyclopedia of Philosophy, hg. von Paul Edwards, Bd. 1, New York und London, 105-109

Hart, H. L. A. 1961: The Concept of Law, Oxford
- 1971: Der Positivismus und die Trennung von Recht und Moral, in: ders.: Recht und Moral, Göttingen, 14-57

Hoerster, Norbert 1986: Zur Verteidigung des Rechtspositivismus, in: Neue Juristische Wochenschrift, 2480-2482
- 1987: Die rechtsphilosophische Lehre vom Rechtsbegriff, in: Juristische Schulung, 181-188
- 1990: Zur Verteidigung der rechtspositivistischen Trennungsthese, in: Archiv für

Rechts- und Sozialphilosophie, Beiheft 37, 27-32

Höffe, Otfried 1987: Politische Gerechtigkeit, Frankfurt a. M.

Holmes, Oliver Wendell 1897: The Path of the Law, in: Harvard Law Review 10, 457-478

Hume, David 1888: A Treatise of Human Nature, hg. von L. A. Selby-Bigge, Oxford (Neudruck: Oxford 1951)

Ipsen, Knut 1990: Völkerrecht, München

Kant, Immanuel 1781/1787: Kritik der reinen Vernunft, 1./2. Aufl. Riga (zitiert: A/B)

— 1903: Prolegomena, in: Kant's gesammelte Schriften, hg. von der Königlich Preußischen Akademie der Wissenschaften, Bd. IV, Berlin, 253-383

— 1907a: Metaphysik der Sitten, in: Kant's gesammelte Schriften, hg. von der Königlich Preußischen Akademie der Wissenschaften, Bd. VI, 203-494

— 1907b: Der Streit der Fakultäten, in: Kant's gesammelte Schriften, hg. von der Königlich Preußischen Akademie der Wissenschaften, Bd. VII, 1-116

— 1912: Über den Gemeinspruch: Das mag in der Theorie richtig sein, taugt aber nicht für die Praxis, in: Kant's gesammelte Schriften, hg. von der Königlich Preußischen Akademie der Wissenschaften, Bd. VIII, 273-313

Kantorowicz, Hermann o. J.: Der Begriff des Rechts, Göttingen

Kelsen, Hans 1960: Reine Rechtslehre, 2. Aufl. Wien
- 1964a: Diskussionsbeitrag, in: Österreichische Zeitschrift für öffentliches Recht N. F. 13, 119-120
- 1964b: Die Funktion der Verfassung, in: Verhandlungen des Zweiten Österreichischen Juristentages Wien 1964, Bd. II, 7. Teil, Wien o. J., 65-76
- 1979: Allgemeine Theorie der Normen, Wien

Koch, Hans-Joachim und *Rüßmann*, Helmut 1982: Juristische Begründungslehre, München

Kriele, Martin 1979: Recht und praktische Vernunft, Göttingen

Loos, Fritz 1970: Zur Wert- und Rechtslehre Max Webers, Tübingen

Luhmann, Niklas 1972: Rechtssoziologie, 2 Bde., Reinbek

MacCormick, Neil 1978: Legal Reasoning and Legal Theory, Oxford
- 1986: Law, Morality and Positivism, in: Neil MacCormick und Ota Weinberger: An Institutional Theory of Law, Dordrecht, Boston, Lancaster und Tokyo, 127-144

Maus, Ingeborg 1989: Die Trennung von Recht und Moral als Begrenzung des Rechts, in: Rechtstheorie 20, 191-210

Müller, Friedrich 1986: 'Richterrecht', Berlin

Neumann, Ulfrid 1986: Juristische Argumentationslehre, Darmstadt

Ott, Walter 1976: Der Rechtspositivismus, Berlin

- 1988: Die Radbruch'sche Formel. Pro und Contra, in: Zeitschrift für Schweizerisches Recht N. F. 107, 335-357
- 1991: Der Euthanasie-Befehl Hitlers vom 1. September 1939 im Lichte der rechtspositivistischen Theorien, in: Festschrift für Robert Walter, hg. von Heinz Mayer u. a., Wien, 519-533

Paulson, Stanley L. 1990: Läßt sich die Reine Rechtslehre transzendental begründen?, in: Rechtstheorie 21, 155-179

Peczenik, Aleksander 1983: Grundlagen der juristischen Argumentation, Wien und New York

Radbruch, Gustav 1973a: Rechtsphilosophie, 8. Aufl. Stuttgart
- 1973b: Fünf Minuten Rechtsphilosophie (1945), in: ders.: Rechtsphilosophie, 8. Aufl. Stuttgart, 327-329
- 1973c: Gesetzliches Unrecht und übergesetzliches Recht (1946), in: ders.: Rechtsphilosophie, 8. Aufl. Stuttgart, 339-350

Röhl, Klaus F. 1987: Rechtssoziologie, Köln, Berlin, Bonn und München

Ross, Alf 1958: On Law and Justice, Berkeley und Los Angeles
- 1968: Directives and Norms, London und New York

Rottleuthner, Hubert 1981: Rechtstheorie und Rechtssoziologie, Freiburg/München
- 1987: Einführung in die Rechtssoziologie, Darmstadt

Sieckmann, Jan-Reinard 1990: Regelmodelle und Prinzipienmodelle des Rechtssystems, Baden-Baden

Strolz, Marc Maria 1991: Ronald Dworkins These der Rechte im Vergleich zur gesetzgeberischen Methode nach Art. 1 Abs. 2 und 3 ZGB, Zürich

Stuckart, Wilhelm und *Globke*, Hans 1936: Kommentare zur deutschen Rassengesetzgebung, Bd. 1, München und Berlin

Stuhlmann-Laeisz, Rainer 1983: Das Sein-Sollen-Problem, Stuttgart-Bad Cannstatt

Summers, Robert S. 1982: Instrumentalism and American Legal Theory, Ithaca und London

Weber, Max 1976: Wirtschaft und Gesellschaft (1921), 5. Aufl. Tübingen

Xenophon 1917: Memorabilien, übers. von A. Leising, 5. Aufl. Berlin

DIE DOPPELNATUR
DES RECHTS

Die Doppelnatur des Rechts*

Meine These lautet, daß das Recht eine Doppelnatur hat. Die Doppelnaturthese sagt, daß das Recht notwendig sowohl eine reale oder faktische Dimension aufweist als auch eine ideale oder kritische. In der Definition des Rechts stehen die Elemente der autoritativen Gesetztheit und der sozialen Wirksamkeit für die faktische Dimension, während die ideale Dimension ihren Ausdruck im Element der moralischen Richtigkeit findet. Autoritative Gesetztheit und soziale Wirksamkeit sind soziale Tatsachen. Wer behauptet, daß das, was das Recht verlangt und nicht verlangt, ausschließlich von sozialen Tatsachen abhängt, vertritt einen positivistischen Rechtsbegriff. Sobald die moralische Richtigkeit als ein notwendiges drittes Element hinzugefügt wird, ändert sich das Bild fundamental. Es entsteht ein nichtpositivistischer Rechtsbegriff. Aus diesem Grund impliziert die Doppelnaturthese den Nichtpositivismus.

Ohne nähere Bestimmung bleibt die Doppelnaturthese abstrakt und formal. Um ihr konkreten Inhalt und eine klare Struktur zu geben, muß sie durch ein System expliziert werden. Die überwölbende Idee dieses Systems ist die Institutionalisie-

---
* Erstmals auf Deutsch erschienen in: Der Staat 50 (2011), S. 389–404.

rung der Vernunft. Seine politische Form ist der demokratische oder diskursive Konstitutionalismus. Das System wird in drei Schritten entfaltet. Bei dem ersten geht es um die Notwendigkeit der idealen Dimension, beim zweiten um die Notwendigkeit der Positivität, also der realen Dimension des Rechts. Der dritte Schritt schließlich gilt der Versöhnung des Idealen mit dem Realen.

I. Das Ideale

1. Der Anspruch auf Richtigkeit

Im ersten Schritt ist die ideale Dimension des Rechts zu etablieren. Mein Argument stützt sich auf die These, daß das Recht notwendig einen Anspruch auf Richtigkeit erhebt und daß dieser Anspruch einen Anspruch auf moralische Richtigkeit einschließt. Dieser Anspruch auf Richtigkeit ist die Quelle der notwendigen Verbindung von Recht und Moral.

a) Gegen die Richtigkeitsthese sind zahlreiche Einwände erhoben worden. Vier haben besondere Bedeutung. Der erste bestreitet, daß das Recht überhaupt fähig ist, Ansprüche zu erheben. So heißt es bei *Neil MacCormick*: »[L]aw claims nothing«.[1] Er begründet dies damit, daß das Recht erstens eine »normative order« ist, daß zweitens normative Ord-

---

[1] *Neil MacCormick*, Why Law Makes No Claims, in: George Pavlakos (Hrsg.), Law, Rights and Discourse, Oxford 2007, S. 59 (59).

nungen »[s]tates of affairs« sind und daß drittens Zustände, im Gegensatz zu Personen, unfähig sind, Absichten zu haben oder Ansprüche zu erheben.[2]

MacCormick hat ohne Zweifel recht, wenn er geltend macht, daß das Recht als solches nicht in der Lage ist, irgendeinen Anspruch in einem wörtlichen Sinne zu erheben. In einem wörtlichen oder strikten Sinne können Ansprüche nur von Subjekten erhoben werden, die fähig sind zu sprechen und zu handeln.[3] Dennoch scheint die Rede vom Anspruch des Rechts auf Richtigkeit sinnvoll zu sein, denn dieser Anspruch wird von Personen, insbesondere, aber nicht nur[4] von Amtsträgern, für das Recht erhoben. Personen, die den Anspruch auf Richtigkeit für das Recht erheben, können als »Repräsentanten des Rechts« bezeichnet werden. Die Zurückweisung des ersten Einwandes läuft damit auf die folgende These hinaus: Das Recht kann einen Anspruch auf Richtigkeit erheben und es tut dies, weil der Anspruch von seinen Repräsentanten erhoben wird.

b) Der zweite Einwand bestreitet, daß der Anspruch auf Richtigkeit notwendig erhoben wird. Ob das Recht irgendwelche Ansprüche erhebt und, wenn irgendwelche, welche, sei eine empirische Frage. Man kann dies die »Kontingenzthese« nennen.

---

[2] *MacCormick* (Fn. 1), S. 60.
[3] Vgl. *Robert Alexy*, My Philosophy of Law, in: Luc Wintgens (Hrsg.), The Law in Philosophical Perspectives, Dordrecht 1999, S. 23 (24).
[4] *Robert Alexy*, Thirteen Replies, in: George Pavlakos (Hrsg.), Law, Rights and Discourse, Oxford 2007, S. 333 (334 f.).

Wenn die Kontingenzthese wahr wäre, würde die Doppelnaturthese, die den Begriff der Notwendigkeit wesentlich einschließt, zusammenbrechen.

Dieser Einwand kann zurückgewiesen werden, wenn es möglich ist zu zeigen, daß der Anspruch auf Richtigkeit im Recht notwendig implizit enthalten ist. Das beste Mittel, dies zu demonstrieren, ist die Methode des performativen Widerspruchs.[5] Ein Beispiel für einen performativen Widerspruch ist der fiktive erste Artikel einer Verfassung, der wie folgt lautet:

X ist eine souveräne, föderale und ungerechte Republik.

Man kann kaum bestreiten, daß dieser Artikel irgendwie absurd ist. Der Methode des performativen Widerspruchs liegt die Idee zugrunde, die Absurdität dadurch zu erklären, daß sie aus einem Widerspruch zwischen dem, was implizit mit einem Akt der Verfassungsgebung beansprucht wird, nämlich daß die Verfassung gerecht ist, und dem, was explizit erklärt wird, nämlich daß sie ungerecht ist, entsteht. Nun ist Gerechtigkeit ein spezieller Fall der Richtigkeit, denn Gerechtigkeit ist nichts anderes als die Richtigkeit von Verteilung und Ausgleich.[6] Unser Beispiel zeigt damit, daß das Recht und der Anspruch auf Richtigkeit nicht nur, wie *Eugenio Bulygin* behauptet,[7]

---

[5] Vgl. hierzu *Robert Alexy*, Begriff und Geltung des Rechts, S. 64–70.
[6] *Robert Alexy*, Giustizia come correttezza, Ragion pratica 9 (1997), S. 103 (105).
[7] *Eugenio Bulygin*, Alexy und das Richtigkeitsargument, in: FS Krawietz, 1993, S. 19 (23 f.).

durch Zweckmäßigkeitsüberlegungen verbunden sind, sondern auch – und das ist weitaus mehr – aus Gründen begrifflicher Natur. Diese Verbindung beschränkt sich keinesfalls auf so fundamentale Akte wie die Verfassungsgebung. Sie ist überall im Rechtssystem vorhanden. Die Absurdität von Entscheidungen wie der folgenden macht dies explizit:

> Der Angeklagte wird, was eine falsche Interpretation des geltenden Rechts ist, zu lebenslanger Freiheitsstrafe verurteilt.

Es könnte eingewandt werden, daß begriffliche Überlegungen dieser Art an der Sache vorbeigehen. Die Frage, ob Repräsentanten des Rechts einen Anspruch auf Richtigkeit erheben, sei eine Tatsachenfrage, und es sei eine Tatsache, daß es Repräsentanten gibt, die ihn nicht erheben. Das Argument, das *Ronald Dworkin* gegen Raz' These, daß das Recht legitime Autorität beansprucht, vorbringt, geht genau in diese Richtung. Nach Dworkin ist es eine Tatsache, daß »many officials« solche Ansprüche nicht erheben.[8] *Oliver Wendell Holmes* soll ein Beispiel sein. Nach Dworkin ging es dem Richter Holmes nicht um moralische Ansprüche, sondern darum, die Kosten »of acting in certain ways more expensive« zu machen.[9] Die Antwort auf diesen Einwand stützt sich, wie Antworten es oft tun, auf eine Unterscheidung. Es

---

[8] *Ronald Dworkin*, Justice in Robes, Cambridge Mass., 2006, S. 200; vgl. auch *Eugenio Bulygin*, Alexy's Thesis of a Necessary Connection between Law and Morality, Ratio Juris 13 (2000), S. 133 (134).
[9] *Dworkin* (Fn. 8), S. 200.

ist die Unterscheidung zwischen einem objektiven oder offiziellen und einem subjektiven oder privaten Erheben des Anspruchs auf Richtigkeit.[10] Wenn Dworkin über die »actual beliefs or attitudes of officials«[11] spricht, dann bezieht er sich auf die subjektive oder private Seite. Damit aber wird der entscheidende Punkt verfehlt. Subjektiv oder privat können Richter glauben oder fühlen, was sie wollen. Sobald sie aber für das Recht handeln, also als Repräsentanten des Rechts, können sie es nicht vermeiden, den Anspruch objektiv oder offiziell zu erheben.[12] Ein Rechtssystem kann zwar zu einem System degenerieren, das ausschließlich auf der Ausübung roher Gewalt beruht. Solch ein System würde jedoch kein Rechtssystem mehr sein, sondern vielmehr sein Gegenstück, ein System nackter Machtbeziehungen.[13] Daß der Anspruch auf Richtigkeit in einem solchen System nicht erhoben wird, ist deshalb kein Argument gegen seine Notwendigkeit in einem Rechtssystem.

c) Man kann zugeben, daß das Recht fähig ist, Ansprüche zu erheben, und daß das Erheben von Ansprüchen für das Recht notwendig ist, und dennoch darauf bestehen, daß dies kein Argument für die Doppelnatur des Rechts ist. Hierzu muß man

---

[10] *Robert Alexy*, Recht und Richtigkeit, in: FS Aarnio, 2000, S. 3 (4).
[11] *Dworkin* (Fn. 8), S. 200.
[12] Vgl. hierzu *John Gardner*, How Law Claims, What Law Claims, in: Matthias Klatt (Hrsg.), Institutionalized Reason, Oxford 2012, S. 29–33.
[13] *Alexy* (Fn. 5), S. 59–62.

nur geltend machen, daß der Inhalt des Anspruchs nichts enthält, das in die ideale Richtung weist.

Zwei Versionen dieses Arguments sind denkbar. Die erste sagt, daß der Anspruch auf Richtigkeit trivial, formal oder beides ist. Die zweite Version behauptet, daß der Inhalt des Anspruchs sich ausschließlich auf die reale oder faktische Dimension des Rechts bezieht. Eine Variante der ersten Version findet sich bei *Joseph Raz*. Raz behauptet, daß die Richtigkeitsthese nichts anderes als »a general thesis about intentional actions and their products« ist.[14] Als solche sei sie auf jede intentionale Handlung anwendbar, selbst auf Handlungen von Banditen. Hier kann der Anspruch auf Richtigkeit oder, wie Raz es vorzieht zu sagen, auf »appropriateness«[15] Inhalte annehmen wie zum Beispiel »being selfenriching«.[16] Dies Beispiel zeigt freilich, daß ein allgemeiner Anspruch auf Angemessenheit sich grundlegend vom Anspruch auf Richtigkeit unterscheidet. Ein Bandit, der beansprucht, daß seine Handlung selbstbereichernd ist, erhebt damit nicht den Anspruch, daß seine Handlung aus diesem Grund von jedem akzeptiert werden muß, selbst von seinen Opfern. Das ist beim Anspruch auf Richtigkeit ganz anders. Der Anspruch auf Richtigkeit ist ein Anspruch, der an alle adressiert ist.[17] In dieser Hinsicht ähnelt er dem An-

---

[14] *Joseph Raz*, The Argument from Justice, or How Not to Reply to Legal Positivism, in: George Pavlakos (Hrsg.), Law, Rights and Discourse, Oxford 2007, S. 17 (27).
[15] Ebd.
[16] Ebd.
[17] Das gilt ohne jede Einschränkung, soweit es um die uni-

spruch auf Wahrheit. Ein Anspruch, der an alle adressiert ist, ist zugleich ein Anspruch auf Objektivität. Als solche sind sowohl der Anspruch auf Richtigkeit als auch der auf Objektivität in der Tat formal. Aber als ein Anspruch, der sich auf die Objektivität bezieht, ist der Anspruch auf Richtigkeit keinesfalls trivial. Objektivität ist nicht nur alles andere als trivial, sondern gehört auch notwendig in die ideale Dimension. Damit weist der Anspruch auf Richtigkeit unbeschadet seines formalen Charakters in die ideale Dimension des Rechts.

Die zweite Version des Arguments betrifft die Frage, ob der Anspruch des Rechts auf Richtigkeit sich ausschließlich auf soziale Tatsachen bezieht oder auch auf die Moral. Der Einwand sagt, daß es bei dem vom Recht erhobenen Anspruch auf Richtigkeit nur um soziale Tatsachen als Quellen des Rechts geht, also nur um die faktische oder autoritative Dimension. Nun ist offensichtlich, daß dies nicht auf die Ansprüche zutreffen kann, die von verfassunggebenden Versammlungen oder vom Gesetzgeber erhoben werden. Aber es ist auch falsch, was das rich-

---

verselle Moral geht. Im Fall eines Rechtssystems ist die Sache komplizierter. Zwei Aspekte sind zu unterscheiden. Der erste betrifft die interne Universalität. Entscheidungen und Argumente, die in einem bestimmten Rechtssystem getroffen oder vorgetragen werden, erheben den Anspruch, für alle akzeptabel zu sein, die den Standpunkt des jeweiligen Rechtssystems einnehmen. Der zweite Aspekt betrifft die externe Universalität. Rechtssysteme als solche erheben den Anspruch, für alle, also universell akzeptabel zu sein als ein partikulares, also nicht-universelles System.

terliche Entscheiden betrifft. Das wird in Fällen, in denen die autoritativen Gründe – also die quellengestützten Gründe – mehr als eine Entscheidung zulassen, deutlich. Die Entscheidung, die in diesem Offenheitsbereich getroffen werden muß, ist eine Entscheidung einer normativen Frage, die nicht auf Maßstäbe des positiven Rechts gestützt werden kann, denn wenn sie auf solche Maßstäbe gestützt werden könnte, wäre sie keine Entscheidung im Offenheitsbereich. Wenn sie überhaupt auf irgendwelche Maßstäbe gestützt werden soll, also wenn sie keine willkürliche Entscheidung sein soll, was dem Anspruch auf Richtigkeit widerspräche, muß sie auf andere normative Maßstäbe gestützt werden. In rechtlichen Entscheidungen geht es regelmäßig um Fragen der Verteilung und des Ausgleichs. Fragen der richtigen Verteilung und des richtigen Ausgleichs sind Fragen der Gerechtigkeit, denn Gerechtigkeit ist nichts anderes als Richtigkeit in bezug auf Verteilung und Ausgleich. Fragen der Gerechtigkeit aber sind moralische Fragen. Auf diese Weise impliziert die offene Struktur des Rechts zusammen mit der Natur rechtlicher Fragen, daß der mit rechtlichen Entscheidungen erhobene Anspruch auf Richtigkeit sich notwendig nicht nur auf die reale oder faktische, sondern auch auf die ideale und kritische Dimension bezieht. Das trifft selbst in den Fällen zu, in denen das autoritative Material, etwa der Wortlaut eines Gesetzes, nur eine einzige Entscheidung zuläßt, die ungerecht ist. In solchen Fällen läuft der Anspruch auf Richtigkeit entweder auf den Anspruch hinaus, daß es moralisch gerechtfertigt ist, wegen des moralischen Wertes der Rechtssicherheit das ungerechte Gesetz zu befolgen, oder er führt zu dem Anspruch, daß es moralisch gerechtfertigt ist, eine Ausnahme zu ihm zu machen, es vielleicht sogar für ungültig zu erklären, weil in diesem Fall die Gerechtigkeit dem moralischen Wert der Rechtssicherheit vorgeht. Das zeigt, daß der Anspruch des Rechts auf Richtigkeit sich stets nicht nur auf soziale Tatsachen, sondern auch auf die Moral bezieht.[18]

d) An genau diesem Punkt läßt sich der vierte Einwand gegen die Richtigkeitsthese erheben. Dieser Einwand macht geltend, daß der Anspruch auf Richtigkeit, soweit er sich auf die Moral bezieht, nichts anderes als Ausdruck einer Illusion oder eines Irrtums ist. »[O]rdinary moral judgments« schlössen in der Tat Ansprüche auf Objektivität ein, aber, wie *John Mackie* es formuliert, »these claims are all false«.[19] Der Anspruch der Moral auf Objektivität müsse deshalb mit einer »error theory«[20] konfrontiert werden, die sagt, daß Urteile über das, was moralisch geboten, verboten oder erlaubt ist, oder über das, was moralisch gut oder schlecht oder gerecht oder ungerecht ist, subjektiv, relativ oder Ausdruck bloßer Dezisionen sind. Aus diesem Grunde fehle

---

[18] Das gilt selbst in Fällen, in denen der Wortlaut eines Gesetzes nur eine einzige Entscheidung zuläßt, die gerecht ist. Hier schließt die Anwendung des Gesetzes die implizite negative Behauptung ein, daß es nicht ungerecht ist.
[19] *John L. Mackie*, Ethics. Inventing Right and Wrong, Harmondsworth 1977, S. 35.
[20] Ebd.

moralischen Argumenten Rationalität und, mit ihr, Richtigkeit oder Wahrheit. Der Anspruch der Moral auf Richtigkeit sei deshalb der Anspruch, daß etwas richtig ist, was nicht richtig sein kann. Der Anspruch des Rechts auf Richtigkeit müsse daher, so fährt der Einwand fort, auf autoritative oder institutionelle Gründe beschränkt werden, die ausschließlich auf dem realen oder faktischen Charakter des Rechts beruhen. Andernfalls würde dieser Anspruch im Ergebnis das Recht mit Irrationalität verknüpfen. Man kann dies den »Irrationalismuseinwand« nennen.

2. Diskurstheorie

Die Antwort auf den Irrationalismuseinwand ist die Diskurstheorie. Die Diskurstheorie macht geltend, daß zwischen Beweisbarkeit auf der einen und Willkür auf der anderen Seite[21] etwas Drittes existiert, nämlich Rationalität oder – hier als dasselbe verstanden – Vernünftigkeit.[22]

Die Diskurstheorie ist eine prozedurale Theorie praktischer Rationalität. Nach der Diskurstheorie ist eine praktische oder normative Aussage dann und

---

[21] Vgl. hierzu *Paul Ricoeur*, Zu einer Hermeneutik des Rechts: Argumentation und Interpretation, Deutsche Zeitschrift für Philosophie 42 (1994), S. 375 (378).
[22] Zur Relation zwischen den Begriffen der Rationalität und der Vernünftigkeit vgl. *Robert Alexy*, The Reasonableness of Law, in: Giorgio Bongiovanni/Giovanni Sartor/Chiara Valentini (Hrsg.), Reasonableness and Law, Dordrecht 2009, S. 5 (5–7).

nur dann richtig (oder wahr),[23] wenn sie das Ergebnis eines rationalen praktischen Diskurses sein kann.[24] Die Bedingungen diskursiver Rationalität lassen sich durch ein System von Prinzipien, Regeln und Formen des allgemeinen praktischen Diskurses

---

[23] Die Diskurstheorie hätte kein Problem damit, »richtig« durch »wahr« zu ersetzen. Das läßt sich mit Hilfe von drei Äquivalenzen zeigen. Bei der ersten geht es um eine semantische Konzeption der praktischen Wahrheit oder Richtigkeit. Diese kann, Tarskis Linien folgend, durch folgende Äquivalenz ausgedrückt werden: (1) Der Satz »Johann soll die Wahrheit sagen« ist dann und nur dann wahr, wenn Johann die Wahrheit sagen soll. Als nächstes wird der Begriff der praktischen oder normativen Tatsache mit Hilfe einer zweiten Äquivalenz eingeführt: (2) Es ist dann und nur dann eine praktische oder normative Tatsache, daß Johann die Wahrheit sagen soll, wenn Johann die Wahrheit sagen soll. Die dritte Äquivalenz verknüpft die Begriffe der Wahrheit und der Tatsache mit dem Begriff der Begründbarkeit: (3) Johann soll dann und nur dann die Wahrheit sagen, wenn es begründbar ist, daß Johann die Wahrheit sagen soll. Dieses Modell praktischer Wahrheit schließt realistische Elemente ein, es unterscheidet sich jedoch in einem zentralen Punkt von einem starken oder intuitionistischen Modell. In einem intuitionistischen Modell hängt die Begründbarkeit einer normativen Aussage von der Existenz einer normativen Tatsache ab, deren Wahrnehmung eine Sache der Intuition ist. In einem diskursiven Modell hängt die Existenz einer normativen Tatsache von der Begründbarkeit der entsprechenden Aussage ab. Wenn man der Diskurstheorie Realismus zusprechen will, kann dies deshalb nur eine Version eines schwachen Realismus sein.
[24] *Robert Alexy*, Probleme der Diskurstheorie, in: ders., Recht, Vernunft, Diskurs, 2. Aufl. 2016, S. 109 (110).

explizieren.²⁵ Dieses System umfaßt Regeln, die Widerspruchsfreiheit, sprachliche Klarheit, Verläßlichkeit der empirischen Prämissen und Aufrichtigkeit fordern, ebenso wie Regeln und Formen, deren Gegenstände die Folgenberücksichtigung, das Abwägen, die Verallgemeinerbarkeit und die Überprüfung der Entstehung normativer Überzeugungen sind. Der prozedurale Kern besteht aus Regeln, die Freiheit und Gleichheit im Diskurs dadurch garantieren, daß sie jedem das Recht auf Teilnahme am Diskurs und das Recht, jede Behauptung sowohl in Frage zu stellen als auch zu verteidigen, gewähren.

Die Diskurstheorie steht vor zahlreichen Problemen.²⁶ Eines von ihnen besteht darin, daß der Diskurs keine Prozedur ist, die stets zu genau einer richtigen Antwort führt. Es werden zwar bestimmte Normen von der Diskurstheorie gefordert. Die Diskursregeln bringen die Werte der Freiheit und Gleichheit zum Ausdruck. Dies dient als Basis der Begründung der Menschenrechte.²⁷ Die Menschenrechte können daher als diskursiv notwendig angesehen werden. Das impliziert, daß die Verweigerung der Menschenrechte diskursiv unmöglich ist. Neben

---

[25] *Robert Alexy*, Theorie der juristischen Argumentation, 8. Aufl. 2015, S. 234–255.
[26] Eine neuere eingehende Analyse der Probleme der Diskurstheorie findet sich bei *Carsten Bäcker*, Begründen und Entscheiden. Kritik und Rekonstruktion der Alexyschen Diskurstheorie des Rechts, 2008.
[27] *Robert Alexy*, Diskurstheorie und Menschenrechte, in: ders., Recht, Vernunft, Diskurs, 2. Aufl. 2016, S. 127 (146–164).

dem diskursiv Notwendigen und dem diskursiv Unmöglichen existiert jedoch ein weiter Bereich dessen, was diskursiv bloß möglich ist.[28] Ein Wert- oder Verpflichtungsurteil ist diskursiv bloß möglich, wenn eine Person dieses Urteil begründen kann, ohne irgendeine Regel oder irgendein Prinzip des Diskurses zu verletzen, und eine andere Person zugleich dasselbe tun kann mit der Negation genau dieses Urteils. In einem solchen Fall stützen Gründe unvereinbare Urteile. Die Nichtübereinstimmung ist daher, wie John Rawls es nennt, ein »reasonable disagreement«.[29] Man kann dieses Problem als »Problem praktischer Erkenntnis« bezeichnen.[30]

II. Das Reale

Das Erkenntnisproblem zwingt dazu, die erste Stufe, die ausschließlich durch die Ideale der Richtigkeit und des Diskurses definiert ist, zu verlassen und zu einer zweiten Stufe überzugehen, auf der positivrechtlich geregelte Verfahren erstens das Zustandekommen einer Entscheidung garantieren und zweitens für ihre Durchsetzung sorgen.[31] Das ist der

---

[28] Zu den Begriffen der diskursiven Notwendigkeit, Unmöglichkeit und Möglichkeit vgl. *Alexy* (Fn. 25), S. 256.
[29] *John Rawls*, Political Liberalism, New York 1993, S. 55.
[30] *Rawls* (Fn. 29), S. 54, spricht in diesem Zusammenhang von den »burdens of judgment«.
[31] Vgl. hierzu Kants »Grundsatz«, »man müsse aus dem Naturzustande, in welchem jeder seinem eigenen Kopfe folgt, herausgehen und sich mit allen anderen (mit denen

Schritt in die durch autoritative Gesetztheit und soziale Wirksamkeit definierte³² Positivität. Die Unzulänglichkeit der idealen Dimension als Entscheidungsprozedur macht damit die Existenz der realen, also der positiven Dimension des Rechts als ihre Ergänzung notwendig.³³

---

in Wechselwirkung zu gerathen er nicht vermeiden kann) dahin vereinigen, sich einem öffentlich gesetzlichen äußeren Zwange zu unterwerfen, also in einen Zustand treten, darin jedem das, was für das Seine anerkannt werden soll, gesetzlich bestimmt und durch hinreichende Macht (die nicht die seinige, sondern eine äußere ist) zu Theil wird«. *Immanuel Kant*, Die Metaphysik der Sitten, in: Kant's gesammelte Schriften, Bd. 6, hrsg. v. d. Königlich Preußischen Akademie der Wissenschaften, 1907, S. 203 (312).

³² *Alexy* (Fn. 5), S. 16 f.

³³ Vgl. *Gustav Radbruch*, Rechtsphilosophie (1932), in: ders., Gesamtausgabe, hrsg. v. Arthur Kaufmann, Bd. 2, 1993, S. 313: »Vermag niemand festzustellen, was gerecht ist, so muß jemand festsetzen, was rechtens sein soll«. Radbruch fügt dem in Fn. 6, S. 313 hinzu: »Festsetzen, was *rechtens sein soll*, nicht: was *richtig ist*, was ein Widerspruch in sich selbst wäre.« Das kann auf zwei Weisen interpretiert werden. In der ersten Interpretation wird gesagt, daß die Festsetzung, was rechtens sein soll, nichts mit dem zu tun hat, was richtig ist. In dieser Interpretation würde der zitierte Satz falsch sein. Festzusetzen, was Recht ist, schließt notwendig den Anspruch ein, daß das, was festgesetzt wird, richtig ist. Die erste Interpretation verkennt somit die Doppelnatur des Rechts. In der zweiten Interpretation sagt der zitierte Satz, daß die Autorität – unabhängig davon, daß sie den Anspruch erhebt, daß das, was gesetzt wird, erstens richtig ist, und daß es zweitens richtig ist, es zu befolgen – die Richtigkeit oder Wahrheit des autoritativ

Diese Notwendigkeit gründet sich auf die moralische Forderung, die Kosten von Anarchie und Bürgerkrieg zu vermeiden und die Vorteile der sozialen Koordination und Kooperation zu realisieren.

III. Die Versöhnung des Idealen mit dem Realen

Man könnte meinen, daß die Notwendigkeit der Positivität den Positivismus impliziert. Das wäre jedoch mit dem Anspruch auf Richtigkeit unvereinbar. Die Notwendigkeit der Positivität impliziert zwar die Richtigkeit der Positivität. Doch die Richtigkeit der Positivität hat keinesfalls einen exklusiven Charakter. Der Positivität einen exklusiven Charakter zuzusprechen, wozu, zum Beispiel, *Kant* neigt,[34] wäre

---

Gesetzten nicht durch Festsetzung herstellen kann. In dieser Interpretation würde Radbruchs Äußerung richtig sein. Sie würde die Doppelnatur des Rechts zum Ausdruck bringen.
[34] Vgl. hierzu *Alexy* (Fn. 5), S. 186–194. Im Anhang zur zweiten Auflage seiner »Metaphysische[n] Anfangsgründe der Rechtslehre« aus dem Jahre 1798, dem ersten Teil der »Metaphysik der Sitten«, schränkt Kant seine Regel »G e h o r c h e t d e r O b r i g k e i t ..., d i e G e w a l t ü b e r e u c h h a t« durch folgende Ausnahmeklausel ein: »(in allem, was nicht dem inneren Moralischen widerstreitet)«; *Kant* (Fn. 31), S. 371. Kant sagt an dieser Stelle jedoch nicht, was dem inneren Moralischen widerstreitet. In seinem handschriftlichen Nachlaß finden wir jedoch die folgenden Beispiele: »e. g. religionszwang. Zwang zu unnatürlichen Sünden: Meuchelmord ec. ec.«; *Immanuel Kant*, Reflexionen zur Rechtsphilosophie, in: Kant's gesammelte Schriften, Bd. 19, hrsg. v. d. Preußischen Akademie der Wissen-

eine Unterschätzung der Tatsache, daß der Anspruch auf substantielle Richtigkeit – also in erster Linie der Anspruch auf Gerechtigkeit – mit der Institutionalisierung des Rechts nicht verschwindet. Er bleibt lebendig hinter und im Recht. Aus diesem Grund ist zwischen zwei Stufen oder Ordnungen der Richtigkeit zu unterscheiden: Richtigkeit erster Ordnung

---

schaften, 1934, S. 443 (595). Das bedeutet jedoch nicht, daß der Effekt eines solchen Konflikts mit dem inneren Moralischen – wie im Fall der Radbruchschen Formel – der Verlust der Rechtsgeltung oder des Rechtscharakters ist. Kant unterscheidet zwischen einem moralischen und einem strikten (oder engen oder reinen) Rechtsbegriff. Der moralische Begriff des Rechts bezieht sich »auf eine ihm correspondierende Verbindlichkeit«; *Kant* (Fn. 31), S. 238. Diese Verbindlichkeit ist eine moralische Verbindlichkeit: »Ve r b i n d l i c h k e i t ist die Nothwendigkeit einer freien Handlung unter einem kategorischen Imperativ der Vernunft«; *Kant* (Fn. 31), S. 222. Es scheint diese moralische Verbindlichkeit zu sein, auf die sich Kants Ausnahmeklausel bezieht. Das Recht im strikten Sinne wird dadurch nicht berührt: »[S]o ist das stricte Recht, nämlich das, dem nichts Ethisches beigemischt ist, dasjenige, welches keine andern Bestimmungsgründe der Willkür als bloß die äußern fordert; denn alsdann ist es rein und mit keinen Tugendvorschriften vermengt. Ein s t r i c t e s (enges) Recht kann man also nur das völlig äußere nennen«; *Kant* (Fn. 31), S. 232. Man könnte meinen, daß dies nur die Beobachterperspektive betrifft. Dem kann man jedoch Kants These entgegenhalten, daß der Richter auf der Basis des »eigentlichen (stricten) Recht[s]« zu entscheiden hat; *Kant* (Fn. 31), S. 234. Das zeigt, daß nach Kant der Begriff des strikten Rechts nicht nur in der Beobachterperspektive, sondern auch in der Teilnehmerperspektive Anwendung findet.

und Richtigkeit zweiter Ordnung. Die Richtigkeit erster Ordnung bezieht sich ausschließlich auf die ideale Dimension. Sie betrifft die Gerechtigkeit als solche. Die Richtigkeit zweiter Ordnung ist umfassender. Sie bezieht sich sowohl auf die ideale als auch auf die reale Dimension. Das bedeutet, daß es bei ihr sowohl um Gerechtigkeit als auch um Rechtssicherheit geht. Nun kann Rechtssicherheit nur durch Positivität erlangt werden. Auf diese Weise verknüpft der Anspruch auf Richtigkeit als Anspruch zweiter Ordnung sowohl das Prinzip der Gerechtigkeit als auch das Prinzip der Rechtssicherheit notwendig mit dem Recht.

Das Prinzip der Rechtssicherheit ist ein formelles Prinzip. Es fordert die Bindung an das, was autoritativ gesetzt und sozial wirksam ist. Das Prinzip der Gerechtigkeit ist ein materielles oder substantielles Prinzip. Es fordert, daß die Entscheidung moralisch richtig ist. Beide Prinzipien können, wie Prinzipien ganz allgemein,[35] kollidieren, und sie tun dies oft. Keines kann jemals das andere vollständig, also in allen Fällen, verdrängen. Im Gegenteil, die Doppelnatur des Rechts verlangt, daß sie in ein richtiges Verhältnis zueinander gesetzt werden. In dem Maße, in dem dieses richtige Verhältnis erreicht wird, entsteht Harmonie des Rechtssystems.

Die Richtigkeit zweiter Ordnung ist also eine Sache der Abwägung. Das zeigt, daß die Abwägung nicht nur in der Gesetzgebung und Rechtsprechung,

---

[35] *Robert Alexy*, Theorie der Grundrechte, 8. Aufl. 2018, S. 71–157.

also in der rechtlichen Praxis, eine Rolle spielt, sondern auch im Fundament des Rechts. Sie ist Teil der Natur des Rechts.

Die Richtigkeit zweiter Ordnung ist das Thema des dritten Schrittes, bei dem es um die Institutionalisierung der Vernunft geht. Zwei Seiten dieser Institutionalisierung sind zu unterscheiden: eine substantielle und eine prozedurale.

1. Äußerste Grenze

Der erste substantielle Aspekt ist das Postulat einer äußersten Grenze des Rechts. Hierbei geht es um die Zurückweisung der These *Hans Kelsens*, daß »jeder beliebige Inhalt Recht sein« kann.[36] Kelsen illustriert seine These mit der Bemerkung: »Nach dem Recht totalitärer Staaten ist die Regierung ermächtigt, Personen unerwünschter Gesinnung, Religion oder Rasse in Konzentrationslager zu sperren und zu beliebigen Arbeiten zu zwingen, ja zu töten.«[37] Um hierauf zu entgegnen, soll die Radbruchsche Formel[38] aufgegriffen werden. Ihre kürzeste Form lautet:

---

[36] *Hans Kelsen*, Reine Rechtslehre, 2. Aufl., Wien 1960, S. 201.
[37] *Kelsen* (Fn. 36), S. 42.
[38] *Gustav Radbruch*, Gesetzliches Unrecht und übergesetzliches Recht (1946), in: ders., Gesamtausgabe, hrsg. v. Arthur Kaufmann, Bd. 3, 1990, S. 83 (89).

Extremes Unrecht ist kein Recht.[39]

Der Streit über eine äußerste Grenze des Rechts ist ein zentrales Thema der Debatte über den Rechtspositivismus. Diese Debatte kann hier nicht aufgenommen werden. Im gegenwärtigen Kontext ist nur das Verhältnis zwischen der Idee einer äußersten Grenze und der Doppelnaturthese von Interesse.

Um zu bestimmen, worin dieses Verhältnis besteht, sind zwei Versionen des Positivismus und drei Versionen des Nichtpositivismus zu unterscheiden. Die beiden Versionen des Positivismus sind der exklusive und der inklusive Positivismus. Der exklusive Positivismus, der am prominentesten von Joseph Raz vertreten wird, macht geltend, daß die Moral notwendig vom Rechtsbegriff ausgeschlossen ist.[40] Das ist, soweit es um einzelne Normen geht, vom Standpunkt eines Beobachters aus akzeptabel.[41] Vom Standpunkt eines Teilnehmers aus aber ist es falsch. Ein Teilnehmer an einem Rechtssystem ist durch die Frage danach und Argumente dafür charakterisiert, was die richtige Antwort auf eine Rechtsfrage in dem Rechtssystem ist, in dem er sich findet. Nun sind Argumente dafür, was die richtige Antwort ist, unmöglich, ohne den Anspruch auf Richtigkeit zu erheben. Das impliziert, daß der Teil-

---

[39] *Robert Alexy*, A Defence of Radbruch's Formula, in: Lloyd's Introduction to Jurisprudence, 8. Aufl., hrsg. v. M. D. A. Friedman, London 2008, S. 426 (428).
[40] *Joseph Raz*, The Authority of Law, 2. Aufl., Oxford 2009, S. 47.
[41] *Alexy* (Fn. 5), S. 51–57.

nehmer notwendig sowohl auf die Rechtssicherheit als auch auf die Gerechtigkeit Bezug nimmt. Dies aber bedeutet, daß der exklusive Positivismus auszuschließen ist.[42]

Der inklusive Positivismus, der etwa von *Jules Coleman* vertreten wird, ist weniger radikal. Er sagt, daß die Moral weder notwendig ausgeschlossen noch notwendig eingeschlossen ist. Der Einschluß wird zu einer konventionellen, also kontingenten Frage erklärt, deren Beantwortung davon abhängt, was das jeweilige positive Recht tatsächlich sagt.[43] Diesem Ansatz ist entgegenzuhalten, daß er nicht in der Lage ist, die Notwendigkeit der Doppelnatur des Rechts zu erfassen.

Nur der Nichtpositivismus ist mit der Doppelnatur des Rechts vereinbar. Das bedeutet freilich nicht, daß alle Versionen des Nichtpositivismus ihr gerecht werden. Zwei Versionen tun dies nicht, nämlich der exklusive und der superinklusive Nichtpositivismus. Allein die dritte Version, der inklusive Nichtpositivismus, vermag die Doppelnatur des Rechts adäquat zu repräsentieren.

Der exklusive Nichtpositivismus ist die radikalste Version des Nichtpositivismus. Er macht geltend, daß jede Ungerechtigkeit, jeder moralische Fehler

---

[42] Eine ausführlichere Version dieses Arguments findet sich in *Robert Alexy*, An Answer to Joseph Raz, in: George Pavlakos (Hrsg.), Law, Rights and Discourse, Oxford 2007, S. 37 (45–48, 50–54).

[43] *Jules Coleman*, Authority and Reason, in: Robert P. George (Hrsg.), The Autonomy of Law, Oxford 1996, S. 287 (316).

einer Norm ihre Rechtsgeltung oder ihren Rechtscharakter ausschließt. *Deryck Beyleveld* und *Roger Brownswords* These »[I]mmoral rules are not legally valid«[44] ist ein Beispiel für diese Auffassung.[45] Diese Version des Nichtpositivismus beruht auf einer falschen Abwägung zwischen dem Prinzip der Rechtssicherheit und dem der Gerechtigkeit. Es gibt der faktischen oder autoritativen Dimension des Rechts zu wenig Gewicht.[46]

Der superinklusive Nichtpositivismus geht in das andere Extrem. Er macht geltend, daß die Rechtsgeltung in keinerlei Weise durch moralische Fehler oder moralische Unrichtigkeit beeinflußt wird. Auf den ersten Blick scheint dies eine Version des Positivismus und nicht des Nichtpositivismus zu sein. Dieser erste Eindruck täuscht jedoch, was zutage tritt, sobald erkannt wird, daß neben einer klassifizierenden Verbindung zwischen Recht und Moral eine qualifizierende Verbindung existiert.[47] Diese zwei Verbindungen unterscheiden sich durch die Effekte

---

[44] *Deryck Beyleveld/Roger Brownsword*, Human Dignity in Bioethics and Biolaw, Oxford 2001, S. 76.
[45] Diese Auffassung ist keinesfalls neu. Vgl. *Augustinus*, Opera. Werke, Bd. 9, hrsg. v. Johannes Brachtendorf/Volker Henning Drecoll, 2006, S. 86 f. (De libero arbitrio I, 11): »Nam lex mihi esse non videtur, quae iusta non fuerit«/ »Denn ein ungerechtes Gesetz scheint mir gar kein Gesetz zu sein«.
[46] Zu weiteren Einzelheiten vgl. *Robert Alexy*, On the Concept and the Nature of Law, Ratio Juris 21 (2008), S. 281 (287).
[47] *Alexy* (Fn. 5), S. 48 f.

moralischer Fehler oder Defekte. Der Effekt einer klassifizierenden Verbindung ist der Verlust der Rechtsgeltung oder des Rechtscharakters. Die Effekte einer qualifizierenden Verbindung sind demgegenüber auf rechtliche Defekte beschränkt, die unterhalb der Ebene der Aufhebung der Rechtsgeltung oder des Rechtscharakters bleiben. *Thomas von Aquins* These, daß ein tyrannisches Gesetz »nicht einfach Gesetz ist«[48] oder, wie *John Finnis* es formuliert, »not law in the focal sense of the term ›law‹«, sondern nur Recht »in a secondary sense of that term«,[49] also defektes Recht, scheint eine qualifizierende Verbindung zum Ausdruck zu bringen. Eine andere Version des superinklusiven Nichtpositivismus, die mit Hilfe der Unterscheidung zwischen klassifizierenden und qualifizierenden Verbindungen erklärt werden kann, findet sich in Kants Kombination des Postulats der »[u]nbedingte[n] Unterwerfung«[50] unter das positive Recht mit der Idee einer notwendigen Orientierung des positiven Rechts am nichtpositiven Recht.[51]

Der superinklusive Nichtpositivismus ist Einwänden ausgesetzt, die denen, die sich gegen den exklusiven Positivismus erheben lassen, recht ähnlich sind. So wie der exklusive Positivismus die ideale Di-

---

[48] *Thomas von Aquin*, Summa Theologiae, Turin 1962, S. 947 (I-II, Frage 92, Art. 1, 4): »lex tyrannica […] non est simpliciter lex«.
[49] *John Finnis*, Natural Law and Natural Rights, Oxford 1980, S. 364.
[50] *Kant* (Fn. 31), S. 372.
[51] Vgl. hierzu *Alexy* (Fn. 46), S. 288–290.

mension des Rechts verkennt, so versäumt es der superinklusive Nichtpositivismus, dem Prinzip der Gerechtigkeit als Ausdruck der idealen Dimension des Rechts ein Gewicht zu geben, das ausreicht, das Prinzip der Rechtssicherheit in extremen Fällen zurückzudrängen. Es ist eine zentrale These des inklusiven Nichtpositivismus, daß der Gerechtigkeit ein solches Gewicht gegeben werden muß.[52] Der inklusive

---

[52] Das kann mit Hilfe des Kollisionsgesetzes (vgl. *Alexy* (Fn. 35), S. 83 f.) rekonstruiert werden. »P1« soll das Prinzip der Rechtssicherheit, »P2« das der Gerechtigkeit repräsentieren. »P« drücke die Vorrangrelation, »Ci« verschiedene Vorrangbedingungen aus. »C1« stehe für »Unrecht unterhalb der Schwelle des extremen Unrechts«, »C2« für »extremes Unrecht«. Nach dem inklusiven Nichtpositivismus gelten die folgenden zwei bedingten Vorrangrelationen:
(1) $(P1PP2)\ C1$
und
(2) $(P2PP1)\ C2$.
P2 fordert, für sich genommen, die Rechtsfolge, daß die fragliche Norm ungültig oder kein Recht ist (Q). Dies, zusammen mit (2), impliziert nach dem Kollisionsgesetz die Regel $C2 \rightarrow Q$. In Worten ist diese Regel die kürzeste Form der Radbruchschen Formel: Extremes Unrecht ist kein Recht. Im Gegensatz dazu kann der superinklusive Nichtpositivismus ebenso wie, was das Ergebnis betrifft, der exklusive Positivismus durch
(3) $(P1PP2)$
dargestellt werden, während der exklusive Nichtpositivismus sich durch
(4) $(P2PP1)$
repräsentieren läßt. Als unbedingte Vorrangrelationen können (3) und (4) gleichermaßen als Ausdruck der Zurückweisung der Abwägung in Fragen des Begriffs und der Natur

Nichtpositivismus behauptet weder, daß moralische Defekte stets die Rechtsgeltung zerstören, noch, daß sie dies nie tun. Er sagt vielmehr, der Radbruchschen Formel folgend,[53] daß moralische Defekte die Rechtsgeltung dann und nur dann zerstören, wenn die Schwelle zum extremen Unrecht überschritten wird. Unrecht unterhalb dieser Schwelle wird in den Begriff des Rechts als defektes oder fehlerhaftes, aber geltendes Recht eingeschlossen.[54] Auf diese Weise wird beiden Seiten der Doppelnatur des Rechts das ihnen zustehende Gewicht gegeben.

2. Demokratischer Konstitutionalismus

Eine äußerste Grenze ist eine notwendige, keinesfalls aber eine hinreichende Bedingung der Institutionalisierung der Vernunft. Um die Institutionalisierung der Vernunft zu erreichen, ist nicht nur das Problem des Zusammenstoßes von Positivität und Richtigkeit an der Grenze zu lösen; Positivität und Richtigkeit müssen zudem innerhalb des Rechtssystems verbunden werden. Das ist nur möglich in der politischen Form des demokratischen oder diskursiven Konstitutionalismus.

Die Hauptelemente des demokratischen Konstitutionalismus sind Demokratie und Grundrechte. Bei-

---

des Rechts verstanden werden. Vgl. auch *Bäcker* (Fn. 26), S. 248–251.
[53] *Alexy* (Fn. 5), S. 70–108.
[54] *Alexy* (Fn. 46), S. 287–288.

de werden von der Diskurstheorie gefordert, und beide haben einen Doppelcharakter.

a) Demokratie ist das wichtigste Element der prozeduralen Seite der Institutionalisierung der Vernunft. Demokratie kann zugleich als Entscheidungsprozedur und als Argumentationsprozedur verstanden werden. Das Entscheiden nach den Linien des Majoritätsprinzips ist die reale Seite der Demokratie. Das Argumentieren, als öffentlicher Diskurs, ist ihre ideale Seite. Die einzige Möglichkeit der politischen Realisierung der Ideale der Diskurstheorie ist die Institutionalisierung einer Demokratie, die beide Seiten vereint. Der Name dieser Einheit ist »deliberative Demokratie«.

b) Grundrechte sind Rechte, die mit der Absicht in eine Verfassung aufgenommen worden sind, Menschenrechte in positives Recht zu transformieren, kurz: mit der Absicht, Menschenrechte zu positivieren. Menschenrechte sind, erstens, moralische, zweitens, universelle, drittens, fundamentale und, viertens, abstrakte Rechte, die, fünftens, Vorrang vor allen anderen Normen haben.[55] Rechte existieren, wenn sie gelten. Die Geltung der Menschenrechte als moralische Rechte hängt von ihrer Begründbarkeit ab, und von sonst nichts. Daher existieren Menschenrechte, wenn sie begründbar sind. Nun sind Menschenrechte auf der Basis der Diskurstheorie be-

---

[55] *Robert Alexy*, Die Institutionalisierung der Menschenrechte im demokratischen Verfassungsstaat, in: Stefan Gosepath/Georg Lohmann (Hrsg.), Philosophie der Menschenrechte, 1998, S. 244 (246–254).

gründbar, denn die Praxis des Behauptens, Fragens und Argumentierens setzt Freiheit und Gleichheit voraus, und die Ideen der Freiheit und Gleichheit implizieren, zusammen mit weiteren wohlstützbaren Prämissen, die Menschenrechte. Menschenrechte sind deshalb diskursiv notwendig.[56] Nichts von alledem kann hier ausgeführt werden.[57] Der einzige Punkt, der im hiesigen Kontext von Interesse ist, ist, daß Menschenrechte als moralische Rechte ausschließlich zur idealen Dimension des Rechts gehören. Ihre Transformation in Grundrechte, also in positive Rechte, stellt nach der Radbruchschen Formel einen zweiten Versuch dar, die ideale mit der realen Dimension substantiell zu verknüpfen.

In einer idealen Demokratie würde der demokratische Prozeß stets hinreichenden Respekt vor den Grundrechten zeigen. Es würde grundsätzlich kein Konflikt zwischen Grundrechten und Demokratie bestehen. In einer realen Demokratie jedoch besteht

---

[56] Daß Menschenrechte als abstrakte Rechte diskursiv notwendig sind, bedeutet nicht, daß ihre Anwendung in konkreten Fällen stets eine Sache der diskursiven Notwendigkeit ist. Es kann vernünftige Nichtübereinstimmung darüber geben, was Menschenrechte in einem konkreten Fall fordern.

[57] Vgl. hierzu *Robert Alexy*, Eine diskurstheoretische Konzeption der praktischen Vernunft, in: Robert Alexy/Ralf Dreier (Hrsg.), Rechtssystem und praktische Vernunft, Archiv für Rechts- und Sozialphilosophie, Beiheft 51 (1993), S. 11 (25–27); *Alexy* (Fn. 27), S. 146–164; *Robert Alexy*, Menschenrechte ohne Metaphysik?, Deutsche Zeitschrift für Philosophie 52 (2004), S. 15 (16–21).

ein Konflikt. Die Realität des politischen Lebens, zusammen mit den Menschen- und Grundrechten, fordert deshalb eine Verfassungsgerichtsbarkeit. Verfassungsgerichte erheben den Anspruch, näher als das Parlament an der idealen Dimension des Rechts zu sein. Dieser Anspruch ist gerechtfertigt, wenn die Verfassungsgerichtsbarkeit als argumentative oder diskursive Repräsentation des Volkes verstanden werden kann.[58] Auf diese Weise ist die Dialektik des Realen und Idealen, die Doppelnatur des Rechts, sogar in dem Verhältnis von Verfassungsgerichtsbarkeit und parlamentarischer Gesetzgebung präsent.

3. Juristische Argumentation

Die Errichtung eines demokratischen Verfassungsstaats schafft ein Rahmenwerk zur Lösung rechtlicher Probleme. Die demokratisch legitimierte Gesetzgebung ist, zusammen mit der Verfassungsgerichtsbarkeit, das Hauptinstrument. Dies Rahmenwerk bedarf freilich der Ausfüllung. Das Mittel dazu ist die juristische Argumentation oder der juristische Diskurs. Die Doppelnatur der juristischen Argumentation findet ihren Ausdruck in der Sonderfallthese. Diese These sagt, daß der juristische Diskurs ein besonderer Fall des allgemeinen prakti-

---

[58] *Robert Alexy*, Abwägung, Verfassungsgerichtsbarkeit und Repräsentation, in: Michael Becker/Ruth Zimmerling (Hrsg.), Politik und Recht, Politische Vierteljahresschrift, Sonderheft 36 (2006), S. 250 (255–258).

schen Diskurses ist.[59] Der allgemeine praktische Diskurs ist ein nichtinstitutionalisierter Diskurs über praktische Fragen. Als ein allgemeiner praktischer Diskurs schließt er alle Arten nichtautoritativer praktischer Argumente ein, also moralische Argumente, bei denen es um Gerechtigkeit und Rechte geht, ebenso wie ethische Argumente, die die individuelle und kollektive Identität zum Gegenstand haben, und pragmatische Argumente, die Ausdruck der Zweck-Mittel-Rationalität sind. Die moralischen Argumente haben Vorrang, denn sie repräsentieren den universellen Standpunkt. Das bedeutet freilich nicht, daß ihr Inhalt nicht von anderen Argumenten abhängen kann.[60] Der juristische Diskurs ist ein spezieller Fall des allgemeinen praktischen Diskurses, weil er an Gesetz, Präjudiz und Dogmatik gebunden ist. Diese Bindung repräsentiert die reale oder autoritative Seite des juristischen Diskurses.

Habermas hat eine Reihe von Argumenten gegen die Sonderfallthese vorgebracht.[61] Sein zentraler Einwand ist, daß die Sonderfallthese der Judikative so viel Macht gibt, daß die demokratische Legitimität gefährdet wird:

> »Once the judge is allowed to move in the unrestrained space of reasons that such a ›general practical discourse‹ offers, a ›red line‹ that marks the division of powers be-

---

[59] *Alexy* (Fn. 25), S. 263–271.
[60] Eingehender hierzu vgl. *Robert Alexy*, The Special Case Thesis, Ratio Juris 12 (1999), S. 374 (378 f.).
[61] *Jürgen Habermas*, Faktizität und Geltung, 4. Aufl. 1994, S. 281–291.

tween courts and legislation becomes blurred. In view of the application of a particular statute, the legal discourse of the judge should be confined to the set of reasons that legislators either in fact [have] put forward or at least could have mobilized for the parliamentary justification of that norm. The judge, and the judiciary in general, would otherwise gain or appropriate a problematic independence from those bodies and procedures that provide the only guarantee for democratic legitimacy«.[62]

Die Antwort hierauf stützt sich auf zwei Punkte. Der erste ist, daß die Sonderfallthese keinesfalls eine unbegrenzte Erlaubnis darstellt, »to move in the unrestrained space of reasons« des allgemeinen praktischen Diskurses. Im Gegenteil, sie schließt eine Prima-facie-Priorität der autoritativen Gründe ein.[63] Der zweite Punkt betrifft Habermas' Vorschlag, daß der Richter »should be confined to the set of reasons, that legislators either in fact [have] put forward or at least could have mobilized for the parliamentary justification«. Der tatsächliche Wille des Gesetzgebers ist in der Tat ein höchst relevanter Grund für die Interpretation eines Gesetzes. Aber es gibt oft Schwierigkeiten bei seiner Erkenntnis, oder er ist

---

[62] *Jürgen Habermas*, A Short Reply, Ratio Juris 12 (1999), S. 445 (447).
[63] Vgl. *Alexy* (Fn. 25), S. 305: »Argumente, die eine Bindung an den Wortlaut des Gesetzes oder den Willen des historischen Gesetzgebers zum Ausdruck bringen, gehen anderen Argumenten vor, es sei denn, es lassen sich vernünftige Gründe dafür anführen, den anderen Argumenten den Vorrang einzuräumen.«

unbestimmt oder widersprüchlich.[64] Der hypothetische Wille des Gesetzgebers ist auf der anderen Seite eine höchst problematische Konstruktion. Sie kommt einer Einladung nahe, den Willen des Richters als den hypothetischen Willen des Gesetzgebers auszugeben. Offene allgemeine praktische Argumente dürften dem vorzuziehen sein. Habermas versucht, die Bedeutung der autoritativen Dimension des Rechts zu erhöhen, um die Demokratie zu stärken. Die gerade vorgetragenen zwei Punkte zeigen jedoch, daß die Sonderfallthese erstens keinen Grund hierfür gibt und daß zweitens die von Habermas vorgeschlagene Alternative nicht wirklich eine Alternative ist. Nur die Sonderfallthese macht es möglich, ein adäquates Verhältnis zwischen der idealen und der realen Dimension des Rechts im Bereich der juristischen Argumentation und, was dasselbe ist, Interpretation herzustellen.

4. Reales und ideales Sollen

In der Rechtsanwendung spielen sowohl Regeln als auch Prinzipien eine zentrale Rolle. Regeln drücken ein definitives oder reales Sollen, Prinzipien ein Prima-facie- oder ideales Sollen aus.[65] Die Prinzipien-

---

[64] Vgl. *Ronald Dworkin*, A Matter of Principle, Cambridge Mass. 1985, S. 34–57.
[65] *Robert Alexy*, Ideales Sollen, in: Laura Clérico/Jan-Reinard Sieckmann (Hrsg.), Grundrechte, Prinzipien und Argumentation, 2009, S. 21 (21–33).

theorie versucht, auf dieser Basis eine Theorie der Verhältnismäßigkeit zu entwickeln, die eine Theorie der Abwägung wesentlich einschließt. Auch dies kann hier nicht ausgeführt werden. Der einzige Punkt, der in unserem Zusammenhang von Interesse ist, besteht darin, daß die Prinzipientheorie die Vielfalt der Überlegungen, die wir auf unserer Reise durch die verschiedenen Gebiete der Doppelnatur des Rechts angestellt haben, durch ein normtheoretisches Argument abschließt, ein normtheoretisches Argument, das schon in vielem von dem, was gesagt wurde, anwesend war.

Nun ist das System geschlossen. Die Doppelnatur hat sich als – explizit oder implizit – präsent in allen fundamentalen Fragen des Rechts erwiesen. Aus diesem Grund ist sie die wesentlichste Eigenschaft des Rechts, und sie zeigt, warum der Rechtspositivismus eine inadäquate Theorie der Natur des Rechts ist.

Personenregister

Aarnio 170
Augustinus 60, 238
Austin, J. 35, 36, 119
Austin, J. L. 68

Bäcker 229, 241
Beyleveld 238
Bierling 34
Bittner 119
Brownsword 238
Bulygin 220 f.
Bydlinski 119

Coleman 237

Dreier, H. 82
Dreier, R. 16, 45, 52, 130, 151, 175, 188, 191 f., 194, 197
Dworkin 119, 165 f., 221 f., 247

Finnis 239
Fuller 46, 57

Gardner 222
Geiger 32 f.
Globke 131, 135
Günther 123

Habermas 245 f.

Hamlyn 56
Hart 36, 38, 48, 57, 76, 78 ff., 86, 98, 102 ff., 117 f., 128, 155, 159 f., 162, 166, 171 f., 194 ff.
Hoerster 42, 47 f., 56, 72 f., 76, 78, 80 ff., 86, 92 f., 96, 122, 146
Höffe 58
Holmes 33, 221
Hume 157

Ipsen 117

Kant 136, 155, 174 ff., 184, 186 ff., 230 ff., 239
Kantorowicz 45
Kelsen 15 f., 36 ff., 58 f., 81 f., 119, 144, 155, 157, 159, 163, 169, 171 ff., 189, 194 f., 197, 235
Koch 24
Kriele 108 ff.

Loos 32
Luhmann 34

MacCormick 48, 65, 218 f.
Mackie 226
Maus 97

249

Müller 24

Neumann 69

Ott 16, 42, 77, 85 ff., 105
Paulson 176
Peczenik 170

Radbruch 52 f., 57, 62, 76, 80, 83, 86, 92 ff., 193, 231 ff., 235 f.
Rawls 230
Raz 221, 223, 236
Ricoeur 227
Röhl 141

Ross 32, 161
Rottleuthner 141, 175
Rüßmann 24

Sieckmann 119
Strolz 119
Stuckart 131, 135
Stuhlmann-Laeisz 158
Summers 33

Thomas von Aquin 239

Weber 32

Xenophon 15